脇村義太郎著

東西書肆街考

岩波新書

87

はしがき

私は大正七年から、京都や神田・本郷の書肆街《しょしがい》に出入りし始めた。しかし、関心は書物・雑誌そのものであって、業者や書肆街に関心をもつに至ったのは、昭和のはじめにエドモンド・ブランデン教授が、東大での任期を終えて帰国する時、「ロンドンの出版業者」というテーマで最終講義をされるのをきいた時である。これは文学史のテーマかもしれぬが、まさに経営史のテーマでなければならぬと思った。書肆街については、林屋辰三郎教授の『歴史、京都、芸能』(昭和四十四年)の中で、「京の古本町」の変遷を論じておられるが示唆に富んだ好随筆と思った。このテーマはまことに興味深く、林屋教授は、同業者町としての京の古本町の昭和のはじめ頃からの変遷を述べておられるが、私はもう少し前の大正時代、丸太町の古本屋街の形成期からの京都の古本町を知っているので、より古く論ずることができるのでないかという誘惑にかられた。

私が、本屋と多少のかかわりをもつに至ったのは、一九三〇年代の半ば(昭和十年―十二年)ロンドンに行って、フォイル書店に出入りしているうちにフォイル一族を知り、交際するようになってからであり、彼らを通じてロンドンの出版業者・古本業者に紹介され、それによってロンドン商人の生態の一断面をうかがうことができた。しかし私にとっては、フォイル書店がどうして短期間の間にロンドン第一の本屋となることができたかということが深い関心であった。戦後フォイル書店ではクリスチナ・フォイル女史が采配を振うようになってからは古本からますます新本に傾斜し、フォイルス・リテラリー・ランチョンはいよいよ盛大となり、ついに世界一、二を争う大書店にまでなった。ストック四百万を称するようになったのは、だいぶ前からである。私はロンドンに行くごとに、フォイル書店の経営や後継者の問題をクリスチナ女史や家族と論ずるのを常とするようになった。日本では、私は戦後、書物をさがしに春秋二回京都を訪ねることにしていたが、大学定年後は少なくとも月一回行くことになったが、その間、新しい書肆街としての河原町の発展、丸太町の衰退を見るかたわら、古本・書画の通信販売に力を注いだ思文閣の目ざましい発展を目のあたりで見聞しているうちに、その経営について時々アドバイスするようになった。

京都の書肆街をまず取り上げたのは、そこで日本最古の書肆街が生まれ、江戸時代を通じ日本の出版・販売の中心であったことよりも、大正時代、学生・顧客として親しんだ西川書店と弘文堂という丸太町にあった伝説的な二軒の本屋について、偶然、その家族や出資者の縁故者を発見することができ、沿革を聴取して、興亡の始末を明らかにすることができたという特殊事情からである。そうして京都書肆街について『図書』(「京洛書肆街考」)と『世界』(「貧乏物語前後」)で論じると意外な反響を呼び(『脇村義太郎著作集』第四巻に収録)、すぐ単行本にして出すようにとか、続いて東京・大阪を論じるようにという要望があった。

私も京都のほか、できれば東京・ロンドンの書肆街の発達、業者の変遷をきわめてみたい、その上で三都書肆考としてまとめようと考えていたが、たまたま昭和五十一年秋、日本経営史学会の年次大会が、神田の専修大学で開かれることになり、その際、主催校の栂井教授から公開講演で神田書肆街の歴史を論じてほしいと要請された。日本経営史研究所の人々のほか、神田書肆街の知人たちも協力・援助するから、この機会にぜひ調査をしてまとめるようにといわれ、『図書』の編集長の浅見女史も、読者の要望が強いので後援すると励まされるのでようやく決意し、昭和五十一年六月から七月と九月から十月とに、ほとんど連日、神田に関係のある出版業者や古書店主二十人前後について各〻一回ないし三回ずつ聞き取りを行ない、経営史学会の大会で報告した。しかし講演時間に制限があり、また調査の結果を充分に分析・検討する余裕がなくて、不満足な報告に終わった。その後二年間の間、さらに調査・研究を続けて、その結果をまとめて昭和五十三年十月から翌年三月にかけて『図書』に掲載・発表した(「神田書肆街百年」)。学会発表時の内容にくらべ、一新したとか、若き日に神田に学んだことを思い出して興味をもって読んだとか、『図書』にふさわしい読物であるとか過分の賛辞をいただいた。また反響の大きさから、書物・書店にいかに多くの人々が関心をもっているかをあらためて教えられた。早く書物の形でまとめるようにという要請が強いので、とりあえず京都と神田とを一本にすることにした。「貧乏物語前後」を削除したのは主として枚数の関係のためである。

『図書』に掲載とともに各方面からいろいろ教示を受けたので、それを受け入れ、調査を重ね、訂正したり追加して、可能なかぎり完璧を期したが、まだまだ調査の足りないところや、思わぬ誤りをしているかもしれない。どうかご叱正をいただき、将来より完全なものにしたいと思っている。一々氏名をかかげることはしないが、取材に協力してくださった多数の方々や、親切に教示をいただいた方々に深く感謝をしたい。京都の場合、中村直勝先生、末川博先生、矢代仁兵衛氏、竹苞楼・佐々木惣四郎氏、旧弘文堂・八坂浅太郎氏、神田の場合、大塚金之助先生、栗田確也氏には種々御教示・御協力をいただいたが、本書上梓前に逝かれたのは残念である。本書を霊前に捧げて御冥福を祈りたい。

昭和五十四年四月

脇村義太郎

目　次

I 京洛書肆街考

一　江戸時代

書肆の出現

京都ではながい間、五山が中心で仏書の刊行が行なわれていたが、応仁の乱以後打ち続く戦乱のために、寺院の出版活動は次第に衰えていった。当時寺院の出版した書籍を取り扱ったり、堺に輸入される唐本を取り扱う商人がいたに相違ないが、その存在ははっきりしない。本屋・書林・書肆(または物の本屋)は、出版をするということが第一の条件であった。しかし、本屋の意味は、厳密にいえば、印刷(彫り、摺ること)も本屋の仕事であり、販売(卸売および小売)もその仕事であった。自家の出版物だけでなく、他の業者の出版物をも取り次ぎ、扱い、古書も取り扱った。要するに、今日の意味の出版業と販売とが一緒になっていたのであった。しかし江戸期はもちろん、明治期になっても、本屋の意味はそれほど変わらず出版が本屋の基本であったが、明治になると出版と印刷との分離が現われ、出版と販売、さらに新本と古本との分離が始まった。イギリスなどでもブックセラーという言葉は、本来パブリッシャーという意味を含んでおり、十六世紀から十七世紀の大部分はその通りであった。印刷業と出版販売業の分離は十八世紀のはじめに現われてきたのである。著者は時に出版業者より印刷業者に近づいたことが、その頃は見られ、出版業と販売業との分離は最後に始まった。

豊臣秀吉は日本統一を達成したが、彼は学問・文化の興隆に深く関心をもつことはなかった。これに反し徳川家康は、学問・文化の向上に比較的早くから意を注いだ。関ヶ原の戦いの後、さらに二度の大阪の陣を経て、徳川政権が確立していく過程において、すでに彼は伏見におい て、また後には駿河において出版活動を行なった。彼は京都においてしばしば儒者と会い、後には林道春を江戸に招いたり、あるいは学僧をその政治・外交顧問として起用するなどして、学問の興隆を図ることに努めた。その間、朝鮮出兵の産物として、朝鮮から多数の活版本や活字が日本にもたらされた。そしてこれらの献上を受けた後陽成天皇は、これによって朝鮮にすでに発達している活版本を日本においても作成しようとこころみられた。これがいわゆる慶長勅版本である。当時、中国ならびに朝鮮は、わが国にくらべてみると出版においてはかなり進んでおり、銅または木の活字を利用して出版を行なうことが盛んであった。

朝鮮から多数の活字がもたらされたが、家康の駿河における出版は銅活字本が多く、伏見の出版本である『孔子家語』(慶長四年)、『東鑑』(慶長十年)は木活字版であるといわれている。さらに地方の大名のうちにも、こうして朝鮮からもたらされた銅活字を利用して出版するものが出てきた。その一人は上杉公の臣、直江山城守兼続であって、直江版とか会津版といわれており、慶長十一年前後の出版にかかるものである。

次に資金の豊富な個人で、こうした和漢の典籍を出版しようという企てを行なうものが現われてきた。これは京都の角倉素庵が慶長十三年頃から出し始めた『伊勢物語』その他の書物であって、さらにこの時、光悦がいろいろ用紙・装丁に工夫をこらした美術的な本をつくり出した。いわゆる嵯峨本、あるいは光悦本と称されるものであって、主として木活字を使用していた。海運・外国貿易その他の商業活動で蓄積された角倉一家の資金が、こうした高価な出版物を可能ならしめたものであろう。そして彼らは、これらの書物を特殊な関係にある人々に贈答品として用いたもので、商品ではなかった。

慶長・寛永期

戦乱が収まり特殊な出版物が行なわれるにつれて、一般人の書物への興味が喚起されてきて、ようやく出版を業としてこころみる人が現われ始めた。この時から、明治維新に至るまでの京都・江戸・大阪その他において出現した本屋については、井上和雄編『慶長以来書賈集覧』(昭和四十五年、増訂)という詳しい調査がある。若い時から京都の書店に勤めていた井上和雄が、ながい年の実地調査の結果をまとめて大正五年に出版し、名著として、専門家の間で利用されていたのを、若い人々が近年増訂し、より完全なものにして出版したものである。これによれば、この間登場した本屋は三七五三軒である。所在地および町名の不明のものが相当あり、全部について論ずることができぬが、判明したものについて見れば東京(江戸)・京都・大阪の三都が圧倒的に多く、その中でも京都が江戸期を通じ、もっとも多数を占めていたことがわかる。本書によって京都の本屋の発達を見ると、慶長年間、京都においてはじめて私人で出版業を行なうものが出てきた。本屋新七と呼ばれるもので、彼は慶長十四年に『古文真宝』を刊行して、本邦最初の出版業者となった。さらにそれに続いて永田調兵衛・出雲寺和泉掾・金屋長兵衛・中村長兵衛・長島世兵衛・梅寿助右衛門・小山仁右衛門・下村時房・中野長兵衛・平井勝右衛門等が続々とこの新興の事業に乗り出した。元和年間になると、中野道伴・杉田勘兵衛・井上忠兵衛・吉田忠兵衛等の新しい出版業者が顔を出した。このうち永田調兵衛は、京都において現在も営業しており、最古の店であることを誇っている。これらの人々の取り扱ったものを見ると、やはり仏書が多いが、そのほか儒書もあり、また『東鑑』『太平記』など国書もあって、各種のものを出版したことがわかる。ただ金屋(山本)長兵衛は、謡本という有名な光悦謡本と同じ特殊なものを主として取り扱った。

　出雲寺は儒者の林家と姻戚関係をもっているものといわれていたが、松柏堂と号し明治時代まで引き続き出版業者として手びろく各種のものを出版したが、むろん仏書は主要品目であった。初期には京都の本屋のうちには、江戸に店を出したものが若干あったが、出雲寺もその一軒であった。とくに儒書を専門とせず、幕府の御用書肆として須原屋とならんで武鑑の出版を取り扱ったことで知られている。明治時代になって三条高倉東入ルで営業していた出雲寺文次郎はこの店の続きであるが、明治時代になって、ここで勤めていたものが二、三独立した。その中では弘文堂の八坂がもっとも成功し有名である。

元和三年に出版業者としてはじめて名前を出した中野道伴は、東福寺の学僧文之の門下であって、文之の著書をはじめ経書のほか各種の出版を取り扱って、初期京都の出版業における最大の業者となり、後には、弟も本屋を開き、一族が繁栄した。

いま慶長・元和年間に京都において開業した以上の本屋の所在を見ると、半数以上は二条通りに集まっており、次には三条通りにあった。この頃京都においては二条通りというのが、西は二条城の大手門から、東は木屋町二条、高瀬川一番の舟入りの角倉了以の家に至るもっとも重要な通りであった。京都から地方への街道は、主として二条城の表門前が起点になっていた。また二条城のそばには京都所司代屋敷があり、諸大名の京屋敷もこの付近に多かった。そして二条通りの北側には御所を中心に、公家・地下その他の武家が多く邸宅を構えていた。そして、これらの人々は知識階級であり、購買力もあり、書籍の購買者であったのであろう。したがって、この繁華街の二条通りや、それに近い通りに本屋が多く集まってきて京都における最初の書肆街となったのも当然であろう。二条通りには、二条城付近は武具類を商うものの店が多く、烏丸付近には、薬種商の店が集まっていた。本屋は烏丸通り付近から東側に多く見られた。薬と本とは新興の商売だった。

寺町通りには慶長・元和年間には、まだ本屋らしい本屋が店をもつに至らなかったのは、秀吉時代の都市計画によって洛中に散在していた寺院を、主として寺町の東側に移転・集中させることになったが、その移転からあまり日も経っておらず、この頃は門前町としての寺町がそれほど整っていず、人通りも少ないために、多くの本屋を寺町に引きつけることができなかったのであろう。

徳川幕府の政治が次第に落ち着き、生活が安定・向上するにつれ、京都・江戸の文化は次第に発達をした。それに伴って出版業も順調な発展を遂げ、寛永時代になると、新たに本屋が京都においては出現してブームとなった。次の元禄時代には、さらに新しい本屋が多数出現して本格的なブームとなったといえる。寛永年間に、京都に出現した本屋は四十軒以上を数えることができる。徳川期を通じて重要な京都の本屋として知られるに至った店は、多く寛永年間に始まっていることも注目しなければならない。重要なものをあげると、風月庄左衛門・安田十兵衛・村上勘兵衛・鶴屋喜右衛門・丁子屋九右衛門などであるが、なおこの期に沙門住友嘉休(住友家の祖先)が出版業を始めていることを逸してはならない。

このうち風月庄左衛門は寛永四年頃二条通りにおいて儒書専門の本屋となったが、しかし時に、和書や漢書も取り扱って、ながく明治まで存続することができた。

金屋(山本)長兵衛は寛永年間に二条通りにはじめて店をもち、観世流の謡曲本の版元となり、観世流の流行につれ全国的に販路をひろげ、徳川時代を通じ二十回以上におよぶ改版を行ないながら営業を続けたが、慶応元年に檜常之助に版権全部を譲って廃業した。こうした専門店が徳川時代の初期に京都において出現したことは、出版史上注目すべき出来事であるといわなければならない。また家元制度と結びついた独占的出版が、いかに有利・確実な事業であったかもわかる。檜書店は、後に本店を東京に移したが、京都は支店とし、依然として二条通りに今日も存続している。

村上勘兵衛は平楽寺という称号をもって知られていたが、当初、やはり本屋街としてもっとも栄えた二条通り烏丸西入ルで開業し、後に二回ほど移転をしたが、寛永時代から代々日蓮宗の書物を出版し、明治時代まで存続することができた。明治になって風月と同じように家運が衰えて、営業を他人に譲ることとなった。

鶴屋喜右衛門はやはり二条通りに店をもったが、浄瑠璃本専門店として知られており、正本屋ともいわれていた。正本屋としては京都においては、この鶴屋に次いで正本屋九兵衛というのが出現し、さらに後には八文字屋八左衛門が出て、この三軒が鼎立し、全国の軟文学書の出版をリードしていった。ことに八文字屋は二代目が八文字屋自笑として知られる作者であって、自ら多くの傑作を書いて、ために洛陽の紙価を幾層倍にしたといわれている。これらの三軒のうち、八文字屋は天明年間に、正本屋は宝暦年間に転業し、鶴屋は天保年間まで続いたが、後にその仕事をやめてしまい、明治期まで存続するものがなかった。

大阪落城後移ってきた西村九右衛門は、五条橋通り扇屋町に書肆を開き丁子屋と号した。これが明治時代まで続いた仏書屋で、明治時代は漢法館といったが十三代で廃業した。第十代の末子が独立したが、これが法蔵館西村七兵衛の祖先で、仏書とくに真宗関係のものを取り扱って今日に及んでいる(『仏教書出版三六〇年——法蔵館』昭和五十三年)。

寛永年間に新しい出版業者として顔を出した沙門嘉休は、住友家の祖先で、武家の出身であった。住友嘉休は若くして仏門にはいり沙門を名乗っていたが、当時、新興仏教として流行しかけた涅槃教に深く帰依して、それの発展を助けていた。後に涅槃教が弾圧されてから、京都仏光寺上柳町で出版と薬種商を始めた。出版商と薬種商とは、当時としてはともに新興の流行の商売であったが、これを兼ねるものは必ずしも珍しくなかった。今日、沙門嘉休の出版したものとしては大判の『往生要集』六冊(寛永八年)が残っているが(竜谷大学および住友修史室)、なおその他にも、住友勝兵衛友房の名では『騨騮全書』七冊(寛永六年)や、住友予十郎の名では『御成敗式目』(寛永十三年)などの出版物があり、これらは、やはり住友嘉休の家族や縁者の名であって、寛永年間の短かった住友の出版活動をしめすものであろうが、以上三部とも完全に揃ったものは現在は稀覯本である。元来発行部数が少なかったのではないかと思う。

嘉休は仏門を出て出版業や薬種商を始めたとはいえ、やはり『往生要集』の出版においては員外沙門を名乗っているところを見れば、仏教を捨てたわけでもなく、さりとて既成仏教に帰依したわけでもなかったのであろう。とくに『往生要集』を出版したことは、やはりそれが叡山横川楞厳院の源信(恵心僧都)の書いた天台宗の重要な文献であるばかりか、彼もこれを高く評価しひろく流布されんことを考えてその出版をこころみたものであろう。彼は晩年洛西嵯峨に隠棲した後、長文の遺戒を春貞尼に書き与えた。涅槃教の立場から信仰のあるべき姿と処世の道とを説いたものだが、第六条においては恵心僧都の『往生要集』によって人道の三相を詳しく説明していることを指摘しておきたい(『泉屋叢考』三輯、昭和二十七年)。この『往生要集』の出版には相当の費用を必要としたはずであるが、資金は自ら出して、板木を新たにつくったか、どこか寺院がもっている板木を借りて印刷だけしたものか、その点については詳らかでない。住友家やその縁故の寺々にこの時使用した板木らしいものの残っているところはない。嘉休の寛永版は、『往生要集』としては最初の刊行と考えられ、その意味でも重要である。京都周辺では坂本の西教寺が、『往生要集』の板木をもっていることで知られているが、それはかなり後年のもので、嘉休の時代には、まだもっていなかった。嘉休の姉の主人の蘇我理右衛門は、大阪にいって、南蛮から伝えられた銅の精錬法をもとにして事業を始めていた。これが住友家の銅鉱山事業の始まりで、それは直接嘉休から始まったわけではない。しかし住友家の事業経営における精神は、嘉休が生前いろいろ書き残したものを、後々まで伝え、時代にしたがってそれに応ずるように適応させていったもので、その意味で彼は住友家の事業の精神的礎石を築いたというべきであろう(『泉屋叢考』四輯、昭和二十七年)。

慶長・寛永の新興発展期から次の出版ブームの元禄期に至る中間期(十七世紀中期)に、一軒の書肆が京都に生まれた。それは、丹波亀山の士分の出身といわれる小川多左衛門の店(六角通り)で柳枝軒の名称をもって呼ばれていた。創業の年次は明らかでないが、寛文七年刊記のある出版のあるところから寛文年期と推定できる。この新しい柳枝軒が水戸藩第二代の藩主徳川光圀の信用を得て、水戸藩の出版をほとんど一手に引き受けることになった。徳川光圀の上洛の際に接近する機会があったのであろう。当時江戸の出版業もまだ基礎が確立せず、いわんや水戸には有力な書肆が生まれていなかったことも柳枝軒が選に上った事情であったろう。光圀は明暦年間、修史に志し、ひろく学者を天下にもとめ、後には彰考館を設けた。明朝の亡命学者朱舜水がもっとも有名であった。彼の『朱子談綺』四冊（宝永五年）、『舜水先生文集』三十冊（正徳五年）はともに柳枝軒の出版である。柳枝軒はその後貝原益軒の著述を多数出版することになったが、さらに曹洞宗の面山和上の書物を出してから、曹洞宗関係の書物や臨済宗のほか天台宗の出版にも手をひろげ、江戸期の後半はもっぱら仏書・経典の出版に力を注いだ。

水戸家の修史はその後ますます盛んとなったが、江戸および水戸に有力な書肆が現われて、それを引き受けるようになり、さらに幕末には藩自身の蔵板による出版が多くなったことも注目しなければならない。ながい年月をかけて完成した『大日本史』百冊（嘉永四年）は藩の蔵板であったが、ひろく行なわれることはなかった。幕末には水戸学思想の伝播と尊王攘夷運動の蔓延により、水戸学関係の出版、たとえば『弘道館記』『迪彝篇』『回天詩史』などはベストセラーになって日本中にゆきわたったが、多くは水府蔵板（弘道館）か水戸の書肆の出版で、柳枝軒は与らなかった。しかし柳枝軒は昔の板木は所蔵しており、幕末、警備のため上洛した水戸の藩士は、資金に窮した時、柳枝軒の板木を借用して、若干冊を摺り、それを売って資金の調達をしたという話が残っている（笠井助治『近世藩校における出版書の研究』昭和三十七年。小川煙村「水戸家と書肆――小川多左衛門」『東洋趣味』昭和十二年十一月。秋山高志「近世常陸の出版につい

て」『茨城県歴史館報』二、昭和五十年二月)。

元禄期

京都の出版業は十七世紀の末、元禄時代においてもっとも盛んになった。そして従来からの仏書のほかに儒書・国書・歌書・俳書・謡曲本・浄瑠璃本・名所案内、その他あらゆる方面の出版が行なわれるようになり、多数の出版業者が続々と登場してきて、江戸期最大のブームであった。しかし、京都においては、やはり仏書とならんで学術的出版が重要な地位を占めていた。当初、京都の学問は、もと仏門にいた藤原惺窩が仏門を離れて朱子学に入り、さらに、同じように仏門を出て惺窩の門に入った林羅山が朱子学を発展させ、後に山崎闇斎がさらに加わって朱子学をいよいよ盛んにならしめた。闇斎は堀川に塾を開き、林家は江戸にいって幕府御用の儒者として花を咲かすことになったが、元禄時代になると、京都の町人から出た伊藤仁斎が朱子学と対抗した古義学を確立した。仁斎は古義学をもって堀川の東岸に塾を開き、古義堂と称し、ここに多くの人々を集めることになった。人呼んで、古義派とも堀川学派ともいった。

したがって京都の出版業もこうした学者の書物を続々出版することになったが、古義堂の場合、板木はほとんど古義堂・伊藤家がもっていた。江戸期の出版では、著作権はなく、板木の所蔵者が版権をもっており、本屋仲間に加入をみとめられた本屋が、版権を手に入れれば出版できた。彼らは時に単独で、または共同して板木を手に入れ、出版するのが普通であった。伊藤家の場合は、板木を自らもつことによって、著作権・出版権を確保しており、板木の使用を本屋に許可して出版させ、板賃を取ることをしていたのである。原稿が完成していよいよ出版という時、板木の製作費は伊藤家自ら出した場合もあろうが、全国の門弟が拠金した場合もあった。さらに本屋に立て替えてもらって、後日支払った場合もあった。時には出版した本が売れず、板木代を支払えなくて板木を本屋に渡した場合も生じた。三代目の東所以後、伊藤家は板木を古義堂に回収するように努めた。それで出版しようとする古義堂の板木を借りた申告物には、一々上図のような印を奥付に押していた。まず初期は、玉樹堂唐本屋吉左衛門・文泉堂吉野屋権兵衛が伊藤家の蔵板を利用して製本・発売し、後に文泉堂の後をつぐものがなくなり、二条通り高倉にあった文泉堂林芳兵衛が代わり、吉野屋と同じように伊藤家の蔵板を借りて出版を続けた。伊藤家は仁斎の後に東涯・蘭嵎と秀れた子供たちが研究を重ね古義学派の発展を図った。その後代々、古義堂を維持して、

毎部有圖章記號
無是者皆屬贋本
享保庚子新刊　京兆　玉樹堂發行

古義堂蔵板『孟子古義』巻之七　奥付

明治・大正・昭和まで、よくその板木・原稿・蔵書その他を守ってきた。古義堂に伝わった原稿・図書・板木、その他一切は、太平洋戦争開戦直前の昭和十六年秋、東京弘文荘反町茂雄の努力で天理教中山真柱に譲られ、現在、大和の天理図書館に一括して保存されている。昭和三十一年『古義堂文庫目録』が同図書館から発行され、これによって、われわれは同文庫の全貌や古義堂の出版活動を、おおよそうかがうことができる。関大教授中村幸彦はこの資料を利用して古義堂と京都の書肆との出版取引を明らかにしている(『ビブリア』十七号・二十三号)。わが国では古来、寺社のほか多くの人が書物を集め、あるいは文庫をつくった。宮中・将軍・大名等には歴代いずれも書籍の蒐集を行なった人が少なくないが、それが今日でも完全なかたちで残っているものははなはだ少ない。さらに学者で書籍を集めたものとしては、江戸期においては林家、あるいは新井白石・荻生徂徠などがあり、いずれも集書家として知られていたが、その蒐集は今日ほとんど行方がわからなくなっている。また京都では昔から公家なども書物を集めたことが歴史の上に伝えられているが、戦乱その他のために、今日、残っているものは近衛家の陽明文庫ぐらいである。そこには藤原家の古い国宝級の文書があるほか、かつて京都大学に近衛文庫として永久寄託されていた数万冊の文献を取り返してきて納められている(『京都大学付属図書館六十年史』昭和三十六年)。しかしこれでも応仁の兵火で相当喪失した残りだと語った近衛文麿公の話が広く伝わっている。これにくらべると、古義堂は伊藤仁斎以来三百年であるが、それでも京都におけるたびたびの火災をよく防いで、その蒐集がそのまま保存されてきたもので、この文庫には単に和漢の図書だけでなく、仁斎以来の各代の人々の稿本類が散逸せずにすべて保存されており、さらに交友名簿・入門名簿・往復書簡類までがよく整理されていた。稿本を見ると、代々の古義学派の人々がいかに学問研究に熱心であり、その出版に当たっては慎重であり、初稿以来数次の研究討議を行なって定稿を完成するまでに、いかに心血が注がれたかがうかがわれる。

昭和十五年に西田幾多郎先生は、下村寅太郎以下二、三の門弟をつれて、堀川の古義堂を訪ね「古義堂を訪ふ記」を残されている(「西田幾多郎全集」一二巻)。ここでは先生は当時、世間が、勤王の志士を生んだとして闇斎学をたたえ、仁斎・徂徠の学を無用のものとするのを強く戒めている。この時西田先生は、古義堂主人から記念に扁額の揮毫を頼まれたが、後学のよくするところでないといって辞退されたといわれている。まことにゆかしい応対である。

元禄年間に京都において新たに出版業を始めたもので所在のわかっている数は、約五十六軒を数えることができる。この当時の京都の本屋の所在を見ると、従来の本屋街であった二条通りあるいは三条通りのほかに、いよいよ寺町が本屋街として発展してきて、二条通りや三条通りとほとんど肩をならべることになったことがわかる。門前町としての寺町がようやく整備され繁栄し始めてきたものであろう。

文化期

京都の本屋がその後どのように発展したか。彼らは江戸・大阪に先がけて本屋仲間の結成を認められ、行事を設けて、仲間の間の問題を処理し、さらに江戸・大阪の本屋との間の紛争も仲間を通じて処理してきた。江戸・大阪の本屋は、それぞれ独自の方向で発展し、京都と対抗してきた。この間、京都の本屋の所在についての概括的な調査には、文化十一年の本屋仲間の名簿が残っていて、これによって十九世紀初頭の京都の本屋の数(二百軒)とともにその所在を知ることができる(蒔田稲城『京阪書籍商史』昭和三年)。このリストからわれわれが知ることのできるのは、寺町通りにおける書籍商の集中が、十八世紀を通じてますます著しくなってきたことである。この時の寺町通りの書籍商の数は三十三軒という多数に上っており、これに対してそれに次ぐ二条通りは十四軒、それから三条通りは十一軒、さらに四条通りは烏丸通りと同じく七軒となって、寺町通りへの集中が十八世紀中にいかに顕著になってきたかということがわかる。寺町通りやその周辺には書物の出版に欠くことのできない板下書・板木職・板摺工・表紙屋(製本屋)なども多く集まって居住していたことであろう。こうした職人は下京に多く住んでいたともいうが、はじめは中京の書肆街近くに住んでいたようだ。彼らは一定の本屋に専属しているものもあり、独立していたものもあった。このうちでも重要なのは板摺工で、彼らについては団体があり、本屋仲間に属して行事の監督下におかれていた。

三条通りに文化年間以後本屋の数がふえ、有力な本屋が何軒か店をもつに至ったのは、三条通りが東海道の終点として多くの人々が通行し、繁華街として二条通りより、ようやく重要になってきたためであろう。しかし三条通りにおいても、主として寺町から西・東の洞院までの間に本屋は存在し、三条烏丸付近にはもう本屋はなく、また三条大橋の東においてはわずかに一軒の本屋を見出すだけであった。こうして江戸中期には、京都の本屋はだいたい東は寺町が極限で、それ以東にはほとんど見ることができない。それから西は烏丸通りまでで、南は四条から上、それから二条通りまでの間にほとんど集中して存在するようになったことが指摘できるのである。このほかわずかに堀川通りの六条前後、すなわち東・西本願寺周辺の門前町に、仏書ことに真宗関係のものを取り扱う書籍商が若干集まっていることがしめされているが、それらを除いて大部分は、先にいった中京の狭い区画に集中していることが判明する。

天明の大火で、こうした狭い地域に集中していた書籍商は大きい打撃を蒙った。板木を喪失して打撃を受けたものもあった。喪失した板木所有者の権利を保護する処置はとられたが、再興できなかったものもあった。しかし多くは、もとの場所で復興し、そのため書肆街の変化は少なかったと思う。ただ若干は、再建の時に従来の土地を捨てて移動した。その中には寺町に新たに土地を求めて移ってきたものもある。それは、銭屋惣四郎である。銭屋惣四郎の初代は享保八年生まれで春重といったが、幼少の頃堀川通りにあった書肆銭屋儀兵衛の店に入って業を修め、寛延四年に独立して姉小路通り寺町西入ルで店を開き、主家の銭屋の名前を許されて銭屋惣四郎を名乗り、書林仲間に加入を認められた。ところが、二代目春行の時、天明八年の

竹苞楼6代目佐々木惣四郎氏(明治39年生，昭和53年12月没)

大火が起こって類焼した。これによって同家は板木や古い記録をほとんど全部焼失したといっているが、文化二年に再建する時に寺町御池下ル(本能寺前)に新しい土地と屋敷をもとめて移ってきた。同じように、姉小路通りで天明の火災に遇った鳩居堂も、この時、寺町通りに出てきて、銭屋からあまり遠くない現在のところに店を構えたといわれている。銭屋惣四郎はその後、竹苞楼を称号として、現在まで営業している。その間、元治のどんど焼きにも焼けて、文化以来の記録や、版木類を多く喪失したようだが、復旧した店舗は、文化再建当時の様子を保存していて、店頭に「出し箱」の看板をおく徳川中期の書籍商の様子を、今日竹苞楼において見ることができるのである。

竹苞楼の代々のうちもっとも傑出していたのは二代目春行であったといわれており、国学者や漢学者と親交を結び、多数の著作を出版した。その後も、江戸その他各地の多くの文人は上洛の際同家を訪うたり、主人と交際したことは、いろいろ文書が残っていて知ることができる。
竹苞楼は明治維新後は和漢洋の書籍を取り扱うという建前を取っているが、和書の取引が中心で、戦後も六代目佐々木惣四郎が府立一中卒業の後に家業をついで従来通りの営業方針を続け、江戸時代の本屋のおもかげを残していることで、しばしば観光客の訪れるところとなっていた。私の調査には終始援助してくれていたが、昭和五十三年十二月逝去した。しかし昭和五十年その古稀を自祝する意味で、その家に伝わる記録を整理し「竹苞叢書」の第一巻として『若竹集』上下二冊を出した。すでに次の世代も育っていて父の後をついでいる(『京都の歴史』六巻、昭和四十八年。石川淳『前賢余韻』昭和五十年)。

幕末期

天保改革によりすべての組合と同じように本屋仲間も廃止されたが、京都においても本屋仲間廃止により、あらゆる統制が廃止されることになったが、これがため書物取引は一時混乱し、不安となって出版活動はかえって低下した。嘉永六年仲間の再興は認められ、再び本屋仲間も結成されることになったが、もうその時は一般政治の不安がつのり、文化活動が再び盛んとなることはなかった。安政大獄が起こり、京都の治安はますます乱れたが、続いて幕府の崩壊、維新政府の樹立となった。こうした政情の推移を多くの京都の本屋が消極的に傍観していたのは、町人としては当然であるが、中には、討幕運動に共鳴するものが出てきた。彼らは、公家よりも志士と交わり、志士の運動を援助したのである。そればかりか、進んで自らその渦中に投ずるものもあった。その結果佐幕派の目のつけるところとなり、犠牲となるものさえ出たのもやむをえないことだろう。歴史の上に伝えられている二、三のものをあげると、もっとも積極的だったのは俵屋清兵衛(麩屋町通り姉小路上ル東側)で、本屋俵屋の二代目に当たる。若くして勤王の志をいだき志士と交わり、自宅でしばしば時事を密議していたが、目をつけられて捕えられ斬刑に処せられた(元治元年)。時に清兵衛は三十歳だった。現在京都における代表的な日本旅館として知られている俵屋は、本屋俵屋のあった場所に近いようだが、両者の間に直接のつながりがあるとはきいていない。

五条通りに店をもっていた杏林軒北村四郎兵衛は、元禄年間に始まり嘉永年間まで続いた老舗であった。北村太助は近江出身で、杏林軒に勤めた後、別家して文政年間三条通り富小路に文華堂という本屋を開いた。二代目太助は、家業をついだが、経学に志厚く梅田雲浜の門に入り、『梅田先生行状』を著わしたりした。宗家の杏林軒が衰えるや、家財をあげてこれを助け後継者をえらんで再興に尽力した。その後は自家の営業を顧みることが少なくなった。そして志士たちと交わって国事に奔走しているうちに池田屋の変(元治元年)に遇い、その場で新撰組に捕えられて、ついに斬刑に処せられた。時に彼は四十三歳という働き盛りであった。この二人は後年ともに贈位されている。

文求堂田中治兵衛は文久年間家業をついだが元治の兵燹に類災し、新たに店を四条御旅町に開き、後にさらに寺町通り四条上ルに移った。長州の志士と深く交わり、その店宅は常に志士たちの密議の席に当てられていた。とくに長州志士の山県狂介（後の有朋）および品川弥二郎の二人はしばしば出入りし、その庇護を受けたという。無事維新を迎え、この二人は維新後に、機会あるごとに文求堂を引き立てた。明治三十年代になり、文求堂の若主人慶太郎が外国語学校支那語専科を卒業後、東京に店を移し、中国書専門店の文求堂として中国書の輸入を通じて新しい発展の途を歩み、日中文化人が集まっていた。戦後になり、日中文化の交流が再び始まろうとした時に、彼に続いて後継者も逝き、惜しまれながら廃業した。

江戸時代最後の京都の書肆街の状況を知るには、一つのよい資料がある。それは明治元年十二月の書林仲間の名前帳で、若林正治の所蔵するものである（『京都書店会館竣工記念誌』昭和四十八年）。この時京都の書林仲間の総数は百六十三軒である。五十年前の文化時代の二百軒余にくらべると相当減少していることがわかる。そのうち住所の不明のもの七軒を除く百五十六軒のうち、寺町が二十軒、三条通りが十二軒、二条通りおよび四条通りが各〻十軒、烏丸通りが六軒となり、依然として寺町通りにもっとも多くの本屋が集中し、三条通りがこれに次ぎ、二条通りはますます減少し、やや増加してきた四条通りと同数となり、烏丸に数軒の本屋が店をもっているのが目につく。

江戸三百年間の京都の書肆街の変遷を見ると、文化時代において京都の本屋の数はピークに達し、その後は次第に減じていった。江戸前半においては、二条通り・三条通りに多くの本屋が集中したが、漸次寺町に集まることとなり、寺町はやがて二条通り・三条通りを抜いた。最後になって、三条通りも二条通りも抜き、明治維新を迎えた。この新しい時代の幕明けは、京都の書肆にとって、まったく予期せぬ苦難の時代の始まりであった。

二　明治・大正時代

前期（明治元年―三十年）

維新直後の京都の出版界の混乱は言語に絶した。ことに新政府が突如として東京に移ることになって、従来、出版界と密接な関係にあった禁裏ならびに公家、その他の人々が東京にあわただしく移ることになったことと、寺院領地の上知と廃仏毀釈で寺院がその特権的地位を失って経済的に困難な状態に陥ったためである。仏書を中心とする京都の出版活動は停止した。その上、公家ならびに寺院が従来もっていた仏書・漢籍・和書類を大量に処分したことが、いっそう書籍取引を混乱に陥れた。京都には福沢諭吉・中村正直その他の人々のような新時代に適した著述をする著者はいなかった。京都の本屋は何らなすところなく、事態の推移を静観するよりほかなかった。徳川時代を通じて書籍取引の取り締まりに当たっていた仲間組織も、明治維新とともにその機能をほとんど喪失することになった。

当初、新政府は出版取り締まりをいかにすべきか方策をもっていなかったが、一日も放置することができないので、明治二年になっていちおう出版条例を公布して、従来の仲間組織に代わって出版業の取り締まりを行ない、版権を確立することに努めた。そして重版・類版の頻出するのを防ごうとした。

京都においては、商社組織を各種の産業面に進めて、これでもって商取引の新しい秩序をつけようと努力したが、これに応じて本屋においても、京都第一書籍商社なるものを明治二年に設立し、組合員を定めた。この時書籍商社に加入した社員は百六十三名に上っており、従来の書籍商はほとんど網羅されていると考えることができる。この後書籍商社がいちおう京都の書籍の出版および取引の秩序を維持することになった。この明治二年の書籍商社創立時の組合員の名簿が残っているが、次に残っている明治七年の組合員名簿(朝倉治彦・佐久間信子編『明治初期三都新刻書目』昭和四十六年)と比較して五ヵ年間の変遷を見ると、この間に約三十数名の書籍商が廃業し、そして十八軒の業者が新たに書籍商を開始しており、明治維新の混乱の際にいかに書籍商が混乱したか、多数の廃業者が出たか、しかしまた新たに開業するものの相当あったことなどもわかる。

明治二年末の組合員の名簿からその当時の京都の本屋の地理的分布を調べてみると、まことに興味のあることが現われてくる。第一は、この時もっとも多数の本屋が集中していたのは寺町通りであって、しかもそれは丸太町から五条仏光寺付近までの間に散在し、ことに丸太町下ル下御霊神社から四条までの間に大部分が集中していたのである。寺町通りに存在した本屋の数は約二十軒で、しかも寺町通りの東側はずっと寺院が続いているので、本屋はほとんどが寺町通りの西側に偏在していた。寺町通りに次いで多くの本屋が集中しているのは三条通りと二条通りで、さらに四条通りにも少なくなかった。三条通りは主として三条大橋から烏丸の間であって、二条通りは河原町から高倉までに集中している。三条通りは東海道に沿った通りであって、徳川中期から次第に本屋の数が多くなり、有名な店がここに集まってきた街路である。二条通りは、徳川初期から本屋街として発達してきた通りであって、古くからの伝統をもった書籍商が多く、明治維新直後もなお、その重要さを保っていたことがしめされている。

五年後の明治七年のリストによって本屋街の変化を見ると、二条通りの本屋は早くも数軒減少したことが注目される。さらに、寺町通りも若干減ることは減ったが、それほど大きな変化は起こっていなかった。要するに五ヵ年間に起こった十数軒の書籍商の減少は、寺町以外の地域において主として行なわれたことが判明する。いま一つ注目すべきことは、従来、ほとんど書籍商のなかった丸太町通りに、この時三軒新たに店をもつものの出てきたことである。しかし丸太町の本屋は、ながく続かず間もなく姿を消した。丸太町に本屋街の出現するにはもう少し時間がかかったようである。

これが明治初期の状況で、出版条例、その他が出て、版権の登録制ができ、出版業の新しい秩序が徐々に確立されていったが、京都の本屋を支えていた寺院ならびに公家の力が急速に衰えたことが、京都の本屋、ことに出版業の基礎を喪失することになった。そして明治年間を通じて、古い歴史をもっていた京都の本屋の多くが徐々に消失していく原因にもつながっていた。彼らが、新しい時代に適応する力を失っており、さらに適当な後継者を見出すことができなかったためであろう。また京都の古い本屋のうちには、京都を去って、新しい文化、出版業の中心として発展しつつある東京に移って飛躍をしようというものも若干出てきた。

維新後、京都の書籍業に対しては、新しい刺激的条件が間もなく現われた。新しい文化都市、学術の都市への京都の再生を目ざした維新直後の京都府が推進した文化政策である。京都府としては、今後の京都の進むべき途は、学問奨励と産業振興であるとした。まず京都独特の産業に力を入れて、これを近代化しつつ、いっそう発展せしめるとともに新しい産業の振興を図った。次に教育・学問に力を入れ京都に新しい学問を普及させるとともに、さらに進んで文化の中心として発展させようとするもので、まことに秀れた卓見で、二代目知事の槇村正直という長州出身の人の指導のもとに、この二つの政策が並行して積極的に推進された。本屋にとって関係の深いのは第二の教育政策である。京都はまず全国に先がけて小学校教育の確立・普及に力を入れ、市内に六十四の小学校が設立された。寺院・公家その他の大名屋敷跡が利用され、建築資金は有力な本屋や有志の醵金もあったが、大部分は府が融資した。進んで、男子ならびに女子の中等教育に力を入れ、とくにイギリス学校・フランス学校・ドイツ学校を設け、外人教師を雇い入れた。それらは後に、中学校・女学校(女紅場)に組織を変更していった。こうした各種の学校において使用する教科書の供給、教員の養成が当然問題となる。当時まだ文部省の作成した教科書はなく、京都では、京都の書店に協力を頼み、製作し、外国語教科書は輸入し、教師には無料で、生徒に対しては貸与料を取って使用させた。この気運を見て、京都の本屋のうちには教科書類の発行・販売に力を入れるものが出てきた。そのうちの一軒に若林春和堂がある。この店を始めた若林は、徳川末期に若狭の小浜から京都にきて富小路の本屋吉田屋に勤めて本屋商売を見習った後独立し、若山屋茂助を名乗り、医書その他の出版と小売をやっていた。明治二十二年寺町二条に移り、若林茂一郎と改姓し、店名を若林春和堂とし、もっぱら新本を取り扱い、とくに学校の教科書に力を入れるようになった。この店は小学校教育・中等教育の普及発達とともに事業を伸ばしたが、店員の養成に力を入れて、この店で訓練を受けた人々がその後、続々と独立をして、明治後半から大正時代にかけて京都の書肆街に大きな勢力を形成した。小浜出身の若林と同じ若狭出身者がこのグループには多い。

こうした新時代の教科書類の供給に関与した書店には、若林書店のほか大黒屋太郎右衛門という新しい名前が現われてきた。大黒屋はすでに明治四年、京都府に対し全国最初の図書館である集書院建設の請願書に、維新後、御用書林としてもっとも勢力のあった村上勘兵衛とならんでサインするなど、明治維新直後に書籍業に顔を出し、ただちに活躍を始めた新興の書店であるが、それでもはじめは貸本屋からスタートした(竹林忠男「集書院についての史的考察」『京都府立総合資料館紀要』二号、昭和四十八年)。

大黒屋今井太郎右衛門は似幽と号した。大黒屋は京都における長州藩御用商人で、金銭出納のことを司っていた富商であった。僧契沖の弟子で、上鴨神社に蔵書千余冊を寄進し、三手文庫の基礎をつくった、有名な今井似閑は祖先といわれているが、その子孫が死に絶え、長州萩の井関家から入って今井家をついだのが太郎右衛門である。彼は、吉田松陰と交わり、京都高倉竹屋町の家には長州人が常に出入りしており、幕末に際し、長州藩屋敷とともに志士たちの勤王倒幕の策源池で、兵站部となっており、木戸孝允とはとくに親交があった。元治甲子の変には、一敗地にまみれた長州兵とともに家を捨てて、長州に逃げ帰った。維新後、京都に戻った今井太郎右衛門は、長州藩京屋敷跡の分譲地を手に入れ、高倉から移って、新時代に相応しい書籍会社を設けて文化活動に転ずることにした。その土地は、河原町御池の角で、前に市役所、筋向かいに京都ホテル、横前には天主教の河原町教会堂がある。後の寺町通りと違って河原町は、大正の末までは、どちらかといえば狭い静かな裏通りで、人の通行は少なかった。似幽は明治十年に逝き、子供が後をついで、太郎右衛門を名乗った（今井太郎右衛門『似幽余影』大正四年）。長州出身の槇村知事が、長州ゆかりの商人で、先輩木戸と親交のある今井を万事引き立てたことは当然である。大黒屋は、はじめは和洋の教科書を取り扱った。維新後間もなく、丸善は京都に支店を出したが、数年にして廃止し（明治五年―十二年）、東京本店または大阪支店が京都の業務を取り扱ったので、京都の洋書専門店は大黒屋一軒となった。すでに述べた通り、京都府はイギリス学校・フランス学校・ドイツ学校を設け、外国人教師を招いて教授し始めたので、外国語教科書の輸入が必要であった。中学校・女学校（女紅場）の使用教科書もはじめは輸入書が多かった。同志社、西本願寺の大学林などの参考書・外国教科書の取り寄せも丸善大阪支店とならんで大黒屋が取り扱った。大黒屋には同志社の関係者や河原町天主堂のフランス人神父もしばしば出入りしていたが、さらに京都ホテルに泊まっている外国人の旅行者の立ち寄る姿もよく見かけた。明治二十年前後には、大黒屋から河原町を二、三軒下ったところに、新島襄を助けて同志社の創立に貢献した山本覚馬が住んでいた。彼の妹八重子が新島夫人であり、彼の次女が芦花の『黒い眼と茶色の目』(大正三年)の茶色の目のヒロインであった。芦花の親戚横井時雄は、当時、大黒屋から百メートルもへだてぬ木屋町御池に移ってきたので、芦花は、大黒屋のあたりは常々通ったところであり、大黒屋に入ったことがあったに相違ない(『同志社九十年史』昭和四十年)。

大黒屋は和洋の新本・古本のほか、後には参謀本部地図の販売をするようになった。京都では烏丸六条に小林という地図専門店があったが、上京では、大黒屋が唯一の店で、そのため大正時代になって登山がはやり出してから、この店は学生には馴染みになった。大正時代の中頃、私が出入りし始めた頃の大黒屋は客が少なくがらんとした店舗で、書物はすべてガラス戸の中に入っていたように覚えている。店の裏は今井の住宅になっていたが、そこには維新当時を偲ぶための書画を飾っている「古聖堂」があった。

維新直後の混乱を脱した後、明治前期三十年間を通じ、京都の本屋は、数は若干減じたが、本屋街には大きな変化は現われなかった。徳川時代からの基礎のある本屋は、引き続いて営業を維持することができた。仏書の需要も次第に回復して、専門書店は、いちおう安定した業務を続けることができた。新しい仕事として教科書業務が発展してきたが、これは数軒の専門的本屋の業務として取り扱われるようになった。順調に発展する東京・大阪の出版物や教科書・雑誌・新聞類を取り次ぐのを専門とする取次店がぼつぼつ出現し始めたのも、この時期である。

後期（明治三十年―大正十五年）

後期には、京都帝国大学の開設（明治三十年）を中心として、高等教育機関の充実・拡張と、それによる学術研究の発達があり、それが京都の出版業・本屋の発展をうながす重大な要素となったのであるが、さらに交通機関の整備が行なわれて、書肆街の変遷に少なからぬ影響を与えたことも見逃せない。

第三高等学校は明治二十二年に大阪から京都吉田に移ってきた。次いで二十八年京都帝国大学の開設がきまり、三十年に理工科大学がまず開かれ、法科大学と医科大学とが明治三十二年開設された。さらに三十九年文科大学が開かれて、いちおう完備したのである（『京都大学七十年史』昭和四十二年）。続いて京都高等工芸学校・京都絵画専門学校・京都府立医学専門学校なども前後して開校された。古い歴史をもつ西本願寺の大学林は明治二十年頃に文学寮を設けて普通教育に力を入れ始めたが、明治三十年代になって大学校となり、近代仏教の発達をうながすことになったが（『竜谷大学三百年史』昭和十四年）、その他東本願寺系の大谷大学、また同志社・立命館等もようやく充実してきた。続いて浄土宗・臨済宗系の学校機関も整備された。

こうした高等教育研究機関のもっとも集中したのは吉田で、鴨川の東、吉田山の西側に位し

京都風景——三本木「信楽」より加茂川をへだてて吉田・叡山を望む(岸田劉生・画　大正8年6月)

ているが、その地域一帯は、ほとんど田畑または牧場などで何ら見るべきものはなく、丸太町橋を渡りすぐそこに立っていた熊野神社の一の鳥居をくぐれば、はるかに熊野神社が見え、その後には聖護院の森があった。さらに上流の出町橋を渡ると鴨川と京都大学、百万遍との間には、もと公家の徳大寺公の別墅、後年西園寺公の別墅として知られるようになった清風荘があるのみであって、他は田中村の百姓家であった。熊野神社の南側には京都の有志の人々によって絹糸紡績会社の工場が明治二十年代に設立されていた。さらに、丸太町橋から上流に向かい川端に沿って京都織物会社の工場が京都府の牧畜場のあったところに設立され、出町橋の上流の田中村には鐘淵紡績の京都工場ができた。交通機関も明治四十五年までは市内電車は旧式の京都電鉄の小規模の電車が、寺町・丸太町までしか開通しておらず、市内から学校街に通うには、徒歩によるほかなかった。

こうした情勢に対し寺町・丸太町の角から熊野神社に至る学生の通行の多い丸太町通りにぽつぽつと本屋を開こうという人が出てきた。これは従来の基礎のあった書店が新たにそちらへ進出してくるということではなく、新たに店をもとうとする人やまったく経験のない人などが多かった。最初に、この通りに書店を開設したのは熊野神社の前にあった絹糸紡績会社の一人の社員の家族である。紡績会社の西隣にあった貸本屋が朝鮮にいくため廃業しようとしたのを、その貸本屋の前の紡績会社の社宅に住んでいた社員西川吉之助が譲り受けた。彼は寺町二条上ルで生まれ、呉服屋に勤めていたが、そこから絹糸紡績に出向していた。本屋の仕事は夫人の春が受けもった。彼女は膳所生まれであった。貸本業をだんだんと整理して、新本の取り扱いを主とすることにした。学生が主な顧客である。これが有名な西川誠光堂書店の始まりで、創業は明治三十六年であった。

その後、西川書店の前の狭い丸太町通りに古本業を始めた人が一、二あった。とくに当時、京都の古本屋仲間でセリの名手として知られていた大塚という人が丸太町橋東、天理教会の西側に小さい店をもったと伝えられている。こうして迎えたのが明治四十年である。明治四十年は京都書肆街にとっては、まことに重要な意味をもつ年であった。いくつか、ことに学術的な意味をもつ本屋の開業があった。まず丸善が明治四十年に京都にかえってきて再び店をもった。

場所は三条通り麩屋町で、木造平屋建ての家で、これが後に梶井基次郎の名作『檸檬《レモン》』(大正十三年)に出てくる書店である。彼は丸善書店の美術書棚の上においてきた檸檬が十分後に爆発することを想像しながら新京極に急ぎ足で入っていくのである。さらに丸善から三条通りを東にいった新京極のつき当たったところに「大学堂」と名乗った古本屋も明治四十年に開店した。伊勢四日市から出てきた大学に何のゆかりもない人が大学堂と名乗ったのも、何かこの時代の空気を表わしているかのようである。寺町書肆街においては、この年丸太町に近い下御霊神社の前に中国書専門の彙文堂が店を開いた。ここは内藤湖南先生の彙文書荘と題した木彫りの看板を屋根にかかげていることで知られている。この主人は東京の中国書専門店文求堂で奉公した後、しばらく独立して営業していたが、明治四十年に京都にきたのである。こうした書店の開設はいずれも京大文科大学の開設が刺激となったことは想像に難くない。明治三十九年に徳島から出てきて夜店で古本商売を始めたばかりの木村進文堂は、やはり明治四十年に、より大学に近いところというので丸太橋東詰二軒目にはじめて店舗をもった。木村徳太郎の家は五代ばかり続いていた藍の問屋であったが、十九世紀末から始まったドイツの化学染料に圧倒されて、家業を捨て新天地に活路をもとめようと京都に出てきたのである。その後、学術書の古本を取り扱って発展し、書肆街丸太町通りの一つの中心となり、やがて阿波出身の縁故の人々が京都にきて古本屋を始めるのを助け、これらの人々が進文堂を中心に発展して、若林春和堂を中心とする若狭出身の多い春和堂グループに対抗する阿波グループを形成した。木村徳太郎が

西川誠光堂と女主人（大正時代）（桑野博利・画　昭和52年）

しばらく夜店を出した後、丸太町通りにきたのは、学生街に近いということもあるが、彼の店より少し東にすでに古本店をもっていた大塚が同じ阿波出身で、この大塚を頼って丸太町に店をもったのだときいた。

西川誠光堂と木村進文堂とは前後して丸太町新道において接近して店を開いたが、一方は新本・教科書、他方は古本・献本、後には高等学校・大学の学生・教授相手の学術書の古本ということで、各〻特徴をもって相対峙していた。この当時は、新本・古本の取引は、今日と違って区別されていた。この二つの店は小売に力を入れて、出版を行なわなかったことも共通している。西川誠光堂の方は女主人の春さんが店員を使って、主として岡崎・吉田方面に住む学者や学生相手に小売をやっていた。この店からはたった一人、貞広《さだひろ》一《はじむ》という店員が大正時代のはじめに独立をして熊野神社の東側の狭い通りに、小僧も使わぬ小さな新本屋誠文堂を開いたが、本店の西川誠光堂ほど商売を活発に行なうことができなかった。今日、こういう店のあったのを覚えている人も少ない。

西川誠光堂は、女主人がいつも店に坐っており、二、三の店員を使って配達もし、手びろく商売をしていた。女主人はよく書物を知っており、話ずきで学生がくれば喜んで相手になっていた。営業税額から判断すると大正七年頃までは丸太町本屋街第一の売り上げをしめしていた。月末払いでいいのを利用して、この店で新本を買って、すぐそれを近所の古本屋にもっていって売り、小遣いにしたというような京大生もあった。もっともこの学生は卒業後、山下汽船会社に就職し、戦争景気でボーナスをもらうや西川書店にとんでいって借金を倍額にして返した。後年、彼は風雲に乗じて独立し、大汽船会社の社長になり、回想録を出したが、その中で西川誠光堂とその女主人のことを忘れずに書いている(田中正之輔『大道』昭和三十九年)。ともかく京都における本屋としては、小さな新本屋ではあったが名物であり、大正から昭和はじめにかけて三高・京大に学んだ人々の間では伝説的存在で、桑原武夫・松田道雄なども少年時代から学生時代にかけて、この店に出入りしたことを述べている(松田道雄『花洛』岩波新書、昭和五十年)。この店ともっとも深い関係のあったのは中村直勝先生で、何回か私は先生とこの店について話しあったが、突然逝かれ、「京洛書肆街考」を読んでいただくことができなかったのは残念である。

この書店をとくに有名にしたことについてはもう少し別の話がある。それはこの小さな小売店が岩波書店と特別に直接取引関係をもっていて、岩波の本はここにいけば必ずあるということであった。それがこの店の信用を深くまた有名にもしたのである。どうして岩波書店と直接取引をすることができるようになったたか、その間の事情は今日となってははっきりしない。岩波書店が大正三年に古本屋としてスタートし、翌年から夏目漱石の『こゝろ』の出版を先がけとして「哲学叢書」その他、阿部次郎の『三太郎の日記』、和辻哲郎の『古寺巡礼』などを出して新しい出版業者として名をなし、とくに学生たちの評判になった時に、いち早く岩波に新刊書を直接注文し、取引を始めたのがきっかけで、小売店とは直接取引はほとんどしない岩波書店も、学生相手にとくに評判のいい新本屋ということで、後々までもこの店だけは特別に直接取引をしていたものと考えられる。

この店では女主人がいつも店頭に顔を出していたが、主人の西川吉之助は絹糸紡績会社が鐘紡に合併されて、京都の資本家が手を引くことになると同時(明治四十年)に会社をやめて、自家の仕事を手伝うようになった。もっぱら東京の取次店や出版業者との間の連絡交渉を担当し、時々東京へ折衝にいったようで、岩波茂雄は京都大学の先生方に挨拶のために京都へいった時には、必ず西川書店だけには寄っていたと伝えられている。西川は大正の末病没し、その後は春夫人の弟の森田恵之助が店の仕事を手伝うことになった。

岩波書店との直接取引は、希望書を迅速に入手できるという利点のほか、マージンの上でも若干利益があったことは間違いないが、そのほか入銀の利益もあったのではないかと思う。入銀とは江戸時代に新刊書の購買を予約し、そのため、若干予納するという意味から、予約新刊書に用いられた特殊用語であるが、明治以降は新刊書を予約すれば、普通取引よりも発行所が若干割引して販売業者に渡すことに使用し、出版元は新刊書の見本と入銀帳というものをもって、注文を取って歩いた。しかし、これで引き取ったものは買い取りであって、返品は利かないことになっていた。近年までこの慣行はながく続いていた(粟田確也『私の人生』昭和四十三年)。岩波と西川との間にも、新刊書については、当然入銀があったことは考えられる。新刊書の予約取引には入銀帳が使われたが、出版社と小売業者との平常の取引は、東京では世利帳をもって行なわれているが、京都では、この帳面を特別に「広庫《ひろくら》」という言葉を使って昔から呼んでいた。『言海』『広辞苑』にはこの言葉は出ていない。語源を詳らかにしない。

明治以来京都にも、取次を専門とする業者が出現したことはすでに述べたが、これらの取次店も、岩波とは直接取引せず、東京の大取次店か、大阪の登美屋取次店を通じて取引していたらしい。登美屋書店にいた不退栄一が京都で不退書店を開いて岩波書店特約取次店となり、岩波の発行書を直接取り扱い、岩波のものは一通り取り揃えて迅速に配給できるよう努めているが、それは第二次大戦後のことである。

明治四十三年になって丸太町・河原町東に新たに国井書店が開店した。京都生まれの国井為次郎は大阪の古本商荒木書店で修業の後、新本・古書を取り扱う店を開き、医学専門書店として発展していった。この辺は京都大学医科大学と府立医専の双方に便利な場所であったのであろう。当時は医学生も古本を買ったらしい。今日、古本を買う医学生はいないという。

丸太町の面目を一変させることになったのは、京都市営電車の東山線が八坂神社から熊野神社まで延び、そこで新たに敷かれた丸太町線と連結することになった。それは大正二年で、電車を通すため、丸太町通りは北側において道幅がひろげられ丸太町橋が改修された。その直後、丸三書店・弘文堂・積文堂などが一斉に丸太町に移ってきて、新たに開店した。このうち現在まで残っているのは丸太町三本木に新京極から移ってきた木村五郎の丸三書店だけである。木村五郎は阿波出身で進文堂木村徳太郎の義弟である。義兄を頼って、京都にきて、新京極の入口で小さい古本店をもったが、より学術的な書店をと考え、丸太町に移った。進文堂とは川をへだてていた。養子が後をついで、今日でも丸三書店は丸太町三本木で営業を続けている。進文堂は、第二次大戦後もまだしばらく営業を続けていたが、近年姿を消した。

寺町押小路から移ってきた弘文堂は、丸太町にきてからは古本商売をやめ、本格的な出版に取り組むことになった。それまでにも、法科大学の学生相手の受験参考書などを出版していたが、京都の西郊牛ヶ瀬の大地主で京大出身の若い法学士の津田八郎兵衛の出資を得て合資会社に改組し、津田の実弟滝本秀三郎が代表者となり、大正六年三月に河上肇の『貧乏物語』、同年四月には小川郷太郎の『経済講話』という経済書をはじめて出した。『貧乏物語』が大当たりに当たり、同店の出版業はまことに好調なスタートを切ったばかりか、河上肇先生との関係をもつことによって、ようやく黄金時代を迎えようとしていた京都大学の法・文・経の教授方の出版を始めることが可能となり、さらには社会科学関係書の出版に乗り出し、大正デモクラシーの流行の波に乗った。大正八年一月に創刊した河上肇の個人雑誌『社会問題研究』が非常に多くの読者を集めて弘文堂の事業の経済的基礎が強固になった大正八年秋、津田は弘文堂の事業から手を引いて出資金を回収し、後は八坂浅次郎の個人経営にもどった。

大正八年には平安堂、九年には狩野文京堂その他、いくつかの古書店が丸太町に店をもつことになった。平安堂・文京堂はともに、寺町二条の若林春和堂で多年働き独立したものであるが、文京堂は新古書の小売を行ない、平安堂は建築書・美術書の販売を取り扱うかたわら、建築・美術書の出版を始めた。主人は建築史の出版計画中に夭折したが、遺族が後を続けた。戦後河原町に移転して、美術書の新古本を専門的に取り扱って知られているが、経営者は変わっている。

大正十年以後、丸太町に店を開く古本屋はますます増加し、大正末期においては、熊野神社から、丸太町・寺町に至る約九百メートルの間、両側にだいたい二十数軒の本屋がひしめいた。というのは、その間丸太町橋が約百メートル、熊野神社の南側には大きな料亭森枡と聖護院郵便局があり、続いて鐘紡の工場で、それから先の川端までの短い間が商店街であるが、そのうちに、新本を専門とする西川のほかに二、三軒の古本屋があったのである。橋をわたってからも丸太町通りの南側は、すぐ女紅場跡(第一高女・第二高女の後に電話局)、それから大正七年にできたばかりの観世能楽堂があり、その西に、二、三軒の古本屋があるだけであった。丸太町通りの北側は熊野神社から寺町角に至るまでの間は丸太町橋と天理教河原町大教会を除けば後はほとんど商店で、そのうちに古書店が二十軒近く点在し、もっとも西は出版専門の弘文堂で、丸太町書肆街はそこで終わっていた。

私は大正七年から大正十年まで京都で三高の学生として三高の寄宿舎に二年間、下鴨糺ノ森の北の知四明寮に一年間住んでいたが、当時丸太町から東、すなわち岡崎・吉田の学生街には本屋は一軒もなかった。また出町付近はむろんのこと、それから東、田中にも、また北、下鴨にも本屋は一軒もなかったように記憶している。田中・下鴨とも大正はじめには学者の多く住むところとなっていたが、本を買うには、ともかく丸太町まで出かけなければならなかった。

丸太町の書肆街は、大正末期には二十五軒近い本屋を擁することになったが、そのうち出版専門は二軒、新本専業は一軒、他は大部分新古両方の小売店であった。この時丸太町は、数の上では寺町を抜いて、京都古本街のメッカとなったということができる。しかしこの本屋の内容を見ると明治三十年以降の創業のものばかりで、江戸時代創業のものは一軒もない。それから、京都の本屋の三大特色である仏書・和書・美術書の三部門を専門的に取り扱うものは、美術・建築関係のもの一軒だけで、他はすべて、この三部門とは関係のない、すなわち一般学生相手であって、それが明治末期から発達してきた丸太町書肆街の最大の特徴であったのである。学術書・学生書が、この書肆街全体の対象であったということができる。さらに彼らの取り扱う書物を検討してみると、いわゆる献本が多い。木村進文堂を中心として、ほとんどすべての古書店が中学校から払い下げを受けた献本を主要取扱商品としていた。例外は医書専門の国井書店と木村進文堂に遠慮して献本を取り扱わなかった丸三書店だけといってもよいくらいだった。その丸三書店も献本には手を出さなかったが、その代わり参考書をもっぱら取り扱っていた。当時京都において、いかに献本業務が盛大であったかということは、献本だけの特別の仲間市が京都で行なわれていたということでもわかる。なお京都では、美術書の仲間市も昔からあるということである。

丸太町と良い対照をしているのは、寺町の書肆街である。数において若干劣っている寺町では、この時期、若林春和堂グループの発展が目ざましく、本店のほか御池下ルに兄弟のやっている古書店があったが、新本を主とする春和堂から独立して寺町・丸太町下ルに店をもつものが数軒できた。いずれも、主家の取り扱う新本を避けて古書に進出したが、美術書に力を注ぎ、その方面の出版を行なったものが一軒ならずあった。寺町には、すでに文求堂から独立してもっぱら美術書の出版を企てていた芸艸堂《うんそうどう》があった。そのほか寺町には、仏書を取り扱うものが数軒あり、和書・唐本では、天明以来の竹苞楼のほか新しい彙文堂があった。さらに三条通りにいくと開益堂細川書店がある。細川書店は、初代店主細川清助が、幕末、吉野屋大谷仁兵衛書店に入って和本の修業をして明治十年独立し、はじめ寺町姉小路にいたが、明治二十五年に三条通りに移り、和本を専門にした。大正五年以来『ほんや』という特色のある書籍雑誌兼目録を数年間にわたり三十号近く発行した。これには新村出先生や当時京都図書館にいた森潤三郎、聖華房にいた井上和雄など、愛書家たちの協力を得て、その人々の寄稿をもって飾っていた。井上は名著『慶長以来書賈集覧』(大正五年)を出してから京都を去って東京に赴いた。その後の彼の文筆活動は『書物三見』(昭和十四年)にまとめられたが、最近復刻(昭和五十一年)を機会に初版にもれていた大正時代の彼の『ほんや』への寄稿を増補された。

要するにこの時期の寺町書肆街は、京都らしい本屋、最高水準のものをここに集めていたということができる。なお仏書関係の書肆は明治以来引き続き、東・西本願寺正面の数珠屋町、花屋町にも数軒あった。京都では仏教近代化の努力の進展につれ、禿氏祐祥はじめ数人の秀れた学僧が出て、研究業績をあげたり、古い仏書や古経の蒐集・出版を盛んに行なった。京都の仏書出版業が明治半ばから、とみに活発になったのも当然である。

大正期の京都の書肆街は、初期においては世界大戦の好景気により、後期は関東大震災により東京の出版業・書肆街の中心である神田、下町一帯の壊滅により、予想もしなかった繁栄を享受することができた。しかし、こうした繁栄・発展の半面に、業界から消えてゆくのもあったことを忘れてはならない。しかもそのうちには徳川初期から長期にわたって営業を続け、しかも名門を誇ったものが含まれていたことは、注目すべき現象である。

まず枡勘として、本屋を五代百年以上続いて三条通りで営業を続けていた須磨勘兵衛は、連帯債務保証から行き詰まって明治二十七年に廃業した。しかし彼は、仏教図書出版株式会社で十年働いた後、明治四十一年印刷業弘文社を始めたが、大正九年には大谷仁兵衛その他多くの出版業者の協力・出資を得て、弘文社を内外図書出版株式会社に改組し出版を再び始めた。彼は専務、後に社長として大正末期から昭和初期に華々しい活動をしたが、昭和十七年出版業の企業整備の際、冨山房に譲渡し合併された(須磨福三郎『須磨勘兵衛の面影』昭和三十一年)。内外図書出版会社は人文科学・社会科学関係のものをねらったが、日本経済史関係(滝本誠一・本庄栄治郎先生)において多少注目されるものを出したが、京都大学については社会科学・経済学は弘文堂に、哲学関係のものは岩波書店にそれぞれ押えられていて、内外図書出版株式会社の割り込む余地はなかなかなかったようだ。

明治三十年代に文求堂および柳枝軒の二軒が、東京移転のため京都を引き払った。檜書店も本店を東京に移し、京都を支店にした。柳枝軒は大正四年に主人が死んだ後、文求堂は昭和二十年代末に経営者が相次いで逝き業界から姿を消したが、檜書店は、本店・京都支店とも今日引き続き営業を続けていて、家元制度と結びついた謡曲本という特殊出版の強味が昔も今も変わらぬことを誇示している。

寛永年間創業の風月庄左衛門・平楽寺村上勘兵衛・出雲寺文次郎らは維新の混乱に際しては、業界の指導者(ことに村上は行事または明治新政府の御用書林)として切り抜け、明治時代も営業を継続していたが、家運が次第に衰え、適当な後継者も得られぬまま、大正期に入って十代以上続いていた由緒ある看板を下ろしたり、他に譲ったりした。譲り受けたものも、昔日の繁栄を取りもどすことはできなかった。藤井五車楼のほか、古義堂ものの出版で知られていた林芳兵衛も大正期に業界から去った。古義堂関係出版の権利は、その後聖華房書店が受けつぎ、時々古義堂所蔵の板木を借り受けて出版していた。

京都におけるこうした名門の書店の閉鎖の場合には、残っていた書籍の入札処分が常に行なわれたが、しばしば多年所持していた大量の板木の処分が行なわれたことがある。心ある同業者や図書館などの手に入って保存されることになったものもあったが、こうした機会に廃棄処分が行なわれて永久に消えるものも少なくなかった。現在天理図書館が所蔵する古義堂関係の版木のうち竹苞楼から入ったものがあるが、それは文泉堂林芳兵衛が閉店の時に買い取っていたものを譲ったということである。

三 昭和時代

昭和前期(昭和元年—二十年)

高等教育機関の全国的な拡張と関東大震災によりブームを享受していた京都の古本街は、昭和時代に入ると不況の襲来と円本時代の出現で反動期に入った。各種円本企画の激しい競争は、関係出版社を破産せしめたこともあったが、関係のある古本の価値を底知れぬ暴落へ追いやって古本商を恐慌状態に陥れた。こうして迎えた昭和初期において、とくに京都の書肆街に影響を及ぼすことになったのは、市内交通の発展(大正十年頃から市内電車網の拡張計画が進められた)と大学教育機関の拡充である。京大においては、大正十三年農学部が新たに百万遍の東方に開設され、同志社・立命館・府立医専が、新大学令により昇格し、施設を拡充し、学生数を増加した。市電整備の第一計画は河原町線の敷設で、大正十三年頃から部分的に開通し、大正末年にようやく完成を見た。次は東山線の延長で、まず熊野神社の北方に京都大学の西北隅の角、百万遍通りまで開通した。次いで京大農学部前を通って銀閣寺前町まで開通し、続いて百万遍から、今出川・丸太町の間の線が敷設された。こうした交通網の拡充の結果、吉田山の東方、あるいは北方にかけて、さらに下鴨糺ノ森の北方に住宅街の建設が始まった。こうした諸事情が相重なって、学生の流れを次第に変え、丸太町が置き去られ、白川通り・百万遍通りに新たな書肆街が出現することになった。

百万遍通りに本屋ができたのは大正十三、四年頃で、まずここに仏光寺付近の古書店にいた森田という人が新本屋を開いた。間もなく、丸太町三本木の丸三書店に十年近く勤めていた松井為三郎が百万遍通り、吉田泉川町に店をもった。それは大正十四年十一月だった。彼は、木村一族と同じ阿波出身であった。森田は貸し売りをしすぎて、間もなく行き詰まって店を閉じた。松井書店は、いろいろ事情があったのであろう、大きな発展をすることはなかったが、今日、百万遍通り(今出川通り)と東大路の角で、レブン書房の名で新本店を続けており、松井為三郎は健在で、百万遍通りの草分けの一人として、当時の回顧談をきくことができた。

松井に続いて田中門前町に店を開いたのは吉田文治の更生閣である。彼は同志社を出て新聞記者をしていたが、大正十二年に出版業を始めた。時流に乗って革新的な書物を出したが、引き続き発禁を加えられ手痛い打撃を受けて、大正十五年に平野から京大裏に転じ、新古書籍・雑誌の小売店として再出発したが、すぐ新村出教授はじめ京大の先生方の堅い書物を出し始めた。その後、書籍商組合の結成に手を貸し、さらに河原町において新企画の書籍会館の経営に力を入れ、発展を図った。しかし彼は、戦後は府政に関係するに至り、出版から遠ざかった。

白川通りには、電車開通後は農大前に丸三書店・三一書房などが開店し、さらに出町橋東詰付近にはキクヤ書房や竹山善書堂が店を出し、白川通り・今出川通りの書肆街が次第に形成されていった。竹山磯平は丸善に勤めていたがやめ、一時教文館が京都支店を開くのを手伝った後に独立し、和洋書の古本を取り扱った。昭和六年、加茂大橋東詰に武井一雄が臨川書店を出した。彼は昭和四年に東大経済学部を出て、日日新聞社に入ったがレッドパージでやめさせられ、親戚の文求堂で本屋の見習いを短期間した後、京都で中国書を専門とする店をもった。文求堂と競争するのを避けて京都にきたというが、京都にはすでに彙文堂があったが、それも文求堂出身者であったから、あまりトラブルはなかった。東方文化研究所所長となられた小島祐馬先生の庇護を受けて、中国書・中国関係書の商売をして発展することができた。文求堂は商品を回して援助した。どうしてこんなところに立地をきめたのかという私の質問に対し、店舗の立地は、東京で地図の上で鴨川東の吉田の学生街と御所付近の学生街の中間にしようとしてきめたが失敗だった、と武井は語った。臨川書店の臨川は鴨東の意味ではなく、文求堂主人の田中慶太郎が三つばかり新しい書店の名を考え出したのを、東京にいた郭沫若が文求堂の店頭でえらんだときいた。臨川とは、中国の王安石の誕生地の地名であり、彼の撰した詩文集が『臨川集』と呼ばれているし、さらに京都嵐峡畔には古い臨川寺があり、五山版のうちに臨川寺版というのもあって、ともかく出版に関係のある名であることがわかる。しかしこうした由来を知らずに、多くの人は私と同様加茂川畔と解していた。郭沫若といえば、「京都学派」の命名者だという話もきいている。むろんそれは昭和十年代の時流に乗った京都の若い哲学者群を指したものでなく、内藤湖南先生を中心とする中国史学者のグループを指したものであろう。

戦後における臨川書店の発展については後述しよう。

昭和十年代になり、京大裏の書肆街に西川誠光堂が丸太町から移ってきた。この時誠光堂は西川春一家が手を引いて、西川春夫人の弟森田恵之助に移っていた。西川春の二人の娘は、それぞれ京大出身の技術者と結婚し、さらにその子供たちも三高・京大に進んでいて書店をつごうとしなかった。京大裏に移った誠光堂は終戦前に店を閉じ、戦後は森田の子供たちも他の仕事に転じて、家業をつぐものもなく再開されなかった。幸い西川春の長女えんは健在で、私は彼女から西川誠光堂の興亡を直接詳しくきくことができた。ことに中村直勝先生と誠光堂一家との深い関係を語ってくれたり、貞広誠文堂書店の跡をさがし出してくれたり、桑野画伯に誠光堂を描いてもらうため昔の写真など資料を提供してくれた。なくなられる直前に中村先生とえん夫人との再会を取りもつことができて二人によろこんでもらったのは、私にとってせめてものなぐさめであった。

昭和十四年に、臼井喜之介が数年勤めていた出版社星野書店をやめ、独立して京大北門前にウスイ書房(後に臼井書房とあらためた)を開いた。小売のかたわら出版をやり、詩の雑誌を出したりしていた。処女出版『随筆京都』(昭和十六年)は大いに売れた。戦争となって応召し、後は夫人の手で続けていたが、雑誌は統合され、小売は次第に続けることが困難となって、営業を中止したかたちで終戦を迎えた。

昭和になって新たに生まれた京都の書肆街は、河原町である。市電を通すため道幅はひろげられた。ここで何を商売すべきか、はじめは見当がつかなかった。商店街としては、道幅がひろすぎるという声があった。とりあえず振興策として、三条・四条の間の歩道に露店を自由に開くことを許した。しかし露店も何を売るか困ったようで、古本・古雑誌をならべた店が多かったといわれており、この露店から店をもつようになった人も幾人か出た。しかし最初、河原町に本屋の店をもった人々は、ほとんどながく続きしなかった。どんどん経営者が変わった。それは、本屋を始めた人々に素人が多かったことと、昭和初年の不況と円本の氾濫のため、仕入れた本があとからあとから値下がりし、年季を入れていない素人の本屋は途方にくれ、順次やめていった。その意味では、初期の河原町の本屋商売はまったく不安定であり、本屋街としての河原町は不幸なスタートを切ったといわねばならぬ。

この頃、明治はじめ以来、河原町御池の角に店をもっていた大黒屋は本屋商売をやめることになった。折角道幅のひろくなった河原町の本屋商売の前途に、何ら魅力を感じなかったもののようである。東大法学部卒業後三井物産に入り、中堅社員となって第一次大戦後、国際貿易の発展を見ていた今井一が、名義上大黒屋の主人となっていたが、書物の小売マージンや参謀本部の地図のマージンのあまりに少ないのに、商売継続の意欲をもたず、老番頭の引退を機会に店を閉じる決意をした。戦争末期、御池通りの強制疎開・道路拡張の時、この一画にあった美術クラブ・大浦邸などとともに大黒屋の店舗と今井家の住宅の建物も消えてしまった。今日、京都では本屋仲間でも洋書商としての大黒屋を覚えている人は少ない。今井一・正兄弟にお目にかかることによって、ようやく大黒屋の興亡を知ることができたのであった。今井一は旧三井物産株式会社の清算人となり、今井正は東大経済学部卒業後、日本興業銀行に入っていたが、請われて銀行をやめ、京都の河北印刷株式会社の専務として京都で活躍している。この兄弟から大黒屋の歴史をきくことができたが、記録類は戦争の混乱で喪失して残っていなかった。

新しい河原町の本屋街の草分けは、丸太町の国井書店でしばらく店員をしていた杉原作次郎だといわれている。彼は道具屋の子供だった。独立して河原町に店をもったが、深刻化する不況の重圧にたちまち行き詰まった。店を三条通りの大学堂杉田長太郎に譲って、業界から消えた。さすが大学堂は明治の終わりから苦労しており、その上、番頭の阪倉庄三郎がいたので、これに河原町の店の経営を任せた。杉田・阪倉は伊勢四日市出身であった。杉田は木材、阪倉は製糸をやっていた。両家は近い親戚関係にあった。前者は日露戦争後の反動で、後者は欧州大戦後の反動でともに失敗し、続いて京都に出て古本屋を始めることになったのである。しばらくして、阪倉は大学堂をやめ、独立して阪倉書店を始め、間もなく、河原町三条上ル東側に店をもち、京阪書房と名乗った。それは京都阪倉書店の略で京阪電車とは関係がないという。大学堂は、やがて三条通りの店を閉じて、河原町店に移ってきた。その前後、河原町三条下ルにあった蓬萊生命の建物を借りて書籍会館とし、いろいろな本屋を誘って各店に棚を割り当てて出品し、販売させることが始められた。この計画を立てて進めたのは、更生閣をやっていた吉田文治であった。これは不況時を切り抜ける古書業者の一つの対策であったろう。

不況対策といえば、昭和八年一月に丸太町の有力な古本屋十一軒と、百万遍通り（今出川通り）の本屋一軒、河原町一軒、出町一軒、合計十四軒が「書燈会」を組織し、共同で古書目録を出し始め、隔月に出して八号ほど続いた。この会の目的は「非常時更生の意気に燃立て」立ち上がったと宣言している。これを組織し中心になったのは成文堂の長谷川、マキムラ書店の牧村博などであった。牧村は三高・東大の出身だが、京大にも籍をおいたことがあり、末川博先生のところにも出入りしていた。その関係であろう、末川先生は『書燈』の創刊号の巻頭に一文を寄せ、古書肆がこうした組織を結成し、共同するのを祝賀し、激励しておられる。

河原町の発展を見ると、四条付近には新本屋がサワヤ書店をはじめ二、三軒が昭和四年には現われていた。古本屋では赤尾昭文堂が移ってきたり、他の場所で数年苦労していた前田菊雄がキクオ書店を三条上ルに出した。最後に、昭和十五年に丸善が三条通りから移ってきて、河原町の戦前の書肆街ができ上がった。二条より上においては、丸太町下ルに仏書を中心とする其中堂支店がしばらく店をもっていたが、寺町に新築をしてそこに移り、その跡に永沢金港堂が移ってきた。丸太町から北、荒神口までの間には新古書店が数軒昭和十年代に集まってきた。丸善はせっかく河原町にビルディングを新築しようとしたが、戦争のため規制され中止した。

昭和になってからの寺町の書肆街の状態を見ると、注目するような変化は戦争の激しくなるまで起こらなかった。商工会議所の行なった『寺町商店街調査』（昭和十一年）によると、十年末、丸太町・三条間の寺町には、その時、新古の書店が一五軒存在していた。

店名・所在が一々明らかにされているが、この中にたった一軒新顔がある。それは思文閣田中新で、寺町丸太町下ルで革堂の数軒南に位置していた。丸太町と二条との間は、西側に本屋が数軒あったが、東側には思文閣のほか小さい店が一軒あるだけであった。

思文閣を開いた田中新(明治二十五年生)は大阪池田の人、大阪で新聞社の印刷で働いた後に京都にきて、足利浄円師の経営で仏教関係書や学術雑誌の印刷をして知られていた同朋舎に勤めた後、独立して寺町で古本屋を始めた。思文閣という名は中村直勝先生の命名で、同朋舎で同先生が編集していた『歴史と地理』(星野書店発行)の印刷をしていたことから昵懇となったようである。「思文閣」の由来を中村先生に質問すると、典拠も意味もない、発音しやすい言葉をさがしてつけただけだ、と答えられた。中村先生と田中新との関係ははなはだ深いものがあったらしい。しかし、人間の記憶はあまり当てにならない。しかも博覧強記の歴史家中村先生において一つの例証を私は経験した。中村先生は私の質問に対し、自分は思文閣創業の詳しい事情は知らない、一切関知していなかったといわれた。歴史学者の先生の証言は、田中新の手もとに、中村先生の書いた思文閣が開業の時にくばった挨拶状の原稿が大切に保存されていて、破られた。中村先生もこれは自分の書いたものだ、用紙は自分の使用していたものだといわれた。それによると、開業は昭和十年十月で、古書の売買だけでなく新本も注文によって取り扱うとか、古文書もおいおい取り扱いたいと考えているとか、さらに書物の出版を考えている人々には相談にのり便宜を図ろうという、さすがに中村先生の指導らしい、単なる古書店でなく、新しい抱負をもっていることが、この挨拶状に述べられている。印刷業出身の田中としては、あくまでその特技を生かそうとする意図をもっていたことがうかがわれる。田中は、古本商売はまったく素人で知識も経験もなかった。店を構えて自分の蔵書をならべたが、それだけでは足りない。大阪の友人の松本という古書籍組合長をしていた人から、相当の書物を回してもらったり、星野書店から『歴史と地理』のバックナンバーを借りて、棚を埋める有様だった。開業すると、寺町・丸太町の玄人の同業者がやってきて、目ぼしい書物を片っ端から仲間相場で買っていってしまった。たちまち商品がなくなり、仕入れが続かず回転ができなくなった。少ない資本で始めたので、まったく行き詰まった。印刷業を始めるならば援助しようといってくれた知人も、古本商売には援助してくれない。やむなく店を閉じ、大宮松原の西寺町にようやく借家を見つけて引き込んだ。それから彼は、しばらく大阪に通って印刷所の手伝いをしながら再起を考えていた。

その頃大阪に、田中の義兄に当たる人で森谷という古本屋があり、よい目録を出して知られており、田中は、手に入れることができた古本や古文書を森谷目録に出してもらっていた。その間、徳島藩に関係の深い商人だった曾谷家文書を手に入れ、これを目録を通じて売った。他人の目録では何かと面倒なので、ついに、自分の手で目録を発行することにし、そのかたちで再出発することになった。

昭和十五年五月創刊の目録は『蠹余鈔録《もくろく》』と命名し、毎号十頁前後で、約三百点の書名をかかげていた。だいたい月刊で、年十回程度、昭和十九年十一月まで続けた。内容は古本よりも古文書が多い。一人で、月々二、三百点の古文書・古本を仕入れて整理し、目録を発行し、さらに注文に応じて発送していた。子供たちはまだ小さく、ようやく役に立ちそうになると応召でつれていかれ、結局すべての業務を主人一人で処理するのは容易ならぬことであったであろう。ただ商品は、疎開騒ぎで蔵書や古文書を処分しようとするものが続出して受け入れるのに困る状態であった。時には、まとまった大きな文書を一括処分したいというものが出てきたが、幸いに東北帝国大学などが引き受けてくれて、処理した場合もあったようだ。昭和二十年になると、さすがの思文閣も目録の続刊が困難となった。

　多くの京都の古本屋は、主人・店員が応召・徴用でいなくなり、残った家人は女ばかりで営業を続けることができず、店を閉じて、地方落ちするものもあった。この頃、東京で伝えられた噂話では、いまや京都は、応仁の乱あるいは義仲の京都入りの直前の状態と同じで、牛車や手押車で逢坂山を越えて、近江路や、あるいは、はるか北の山国地方や老ノ坂を越えて丹波路へと、先を争って逃げ回っているということであった。これは、ひとり京都にかぎったことでなく、戦争末期で都市に対する無差別爆撃が次第に激化し、昼夜を問わず行なわれた時、日本中至るところで見られた混乱状態だったのである。

戦後期（昭和二十年―五十四年）

京都は、第二次世界大戦において直接戦災を受けることはなかった。しかし、京都の書肆街は戦争によって少なからぬ打撃を蒙った。古い基礎の確実な古書店・新本店でも、取り扱う商品が激減してしまったほか、主人・従業員が応召したり徴用工となって、残った婦女子で業務を続けていくことが困難になって、廃業しなければならないものも出てきた。とくに戦争末期になって、空襲対策として強制疎開が強引に行なわれたために、店舗を失って廃業したものも少なくなかった。多くの人々は、書物より日々の食料、身の安全に狂奔しなければならなかった。

戦争が終わって、戦災を受けなかった唯一の学都といってもよい京都には、多くの人々が書物をもとめて殺到した。むろん一般顧客だけではなく、戦災都市の同業者が買い出しにきたものも少なくなかった。この時、戦災で書物を失うことのなかった京都の市民は、蔵書を売ってその日その日の生活の資に当てようとしたために、大量の書籍が市場に出回った。さらに京都の場合、多数の寺院がやはり農地改革による所領の喪失、信徒の経済的没落など、戦後の経済的な激変によって収入源を失ったが、直接戦災に遇うことがなかったことと、戦後の混乱で寺社の財産管理も放置されたため、心ない住職をもつ寺社は所蔵する古来の蔵書や書画類を、戦後の混乱期に相当大量に市場に放出した。中には用紙の再生用に廃棄された古書や古文書もあったのも、やむをえなかったことであろう。

復員・徴用解除で、書籍商の主人・従業員が漸次かえってきて再開を考え、もとの場所で、

改訂新版，日本古書通信社より）

烏丸通り
植物園
洛北高
高野橋
吉岡書店
浜野書店
福田屋書店
烏丸車庫
丸万書店
吉田文庫
西北書店
河原町通り
高野川
加茂川
東亜書房
井上書店
八木書店
イデア書店
萩書房
同志社大
臨川書店
百万遍
銀閣寺道
藤原北御所書房
善書堂書店
思文閣会館
京都大
国栄書店
ナカヨシ書店
千原書店
竹岡書店
京都御所
立命館大
九如堂書店
春正堂書店
今村書店
博文堂書店
丸三書店
マキムラ書店
創造社書店
一信堂書店
不識洞書店
熊野神社前
真如堂
彙文堂書店
清風堂書店
平安神宮
天王町
文苑堂書店
文華堂書店
群書堂書店
文京堂狩野書店
芸林荘書店
尚学堂書店
東山通り
文栄堂書店
竹遷堂書店
西村春版画店
竹苞楼書店
キクオ書店
其中堂書店
京阪書房
北川白州堂
大学堂書店
思文閣本社
立志書房
マキムラ書店
赤尾照文堂
平安堂書店
円山公園
四条烏丸
祇園
大書堂書店
冨山房書店
三密堂書店
大観堂書店
鴨川
東雅堂書店
三宝堂書店
五条坂
文政堂書店
三十三間堂
至東京

京都の古書店(『全国古本屋地図』

千本通り
大宮通り
大徳寺
金閣寺
北大路
至成堂書店
大谷大
有秀堂書店
沢田書店
今出川通り
白梅町
北野
岡本有文堂
エリナー書店
妙文堂書店
丸太町通り
八木書店古書部
藤本書店
至亀岡
伊藤書店
二条駅
二条城
京都書店
晴進堂書店
四条通り
松尾橋
冨士屋書店
桂
五条通り
川
西洞院
東本願寺
西本願寺
竜谷大
七条西大路
七条通り
丹波口駅
谷書店
京都駅

もとの店舗で、そのまま復興した人もあったが、旧来の店も場所も失っていて、新たに店舗をもとめなければならない業者もあった。戦争中に廃業したままで、戦後再開せずに消えていった店も少なくない。他に、さし当たって仕事がないので、わずかの本を路上にならべるという人が出てきた。その頃デパートでも売るものがないからと本をならべるものが多かった。

それから今日まで三十年経過しているが、その間の変遷を概観してみると、戦争直後の混乱期が終わり、一時的に増加した業者が淘汰されてみると、全体として書籍商の数はそれほど大きく変わらなかった。しかし三十年経過した後を見ると、従来の業者と新しい業者との交代が相当行なわれていることが見られる。経営者の世代の交代は最近になって現われてきている。地域的には、戦後三十年間に書籍商は京都市内に分散化する傾向をもってきたということができる。その理由の一つは交通が発達したことと、いま一つは大学が京都市内に分散してできてきたということである。明治・大正期は、京都の高等教育の中心は洛東吉田となっていた。昭和になっても、なおしばらくはその傾向が続いていた。戦後の京都には、伝統の古い大学のほかに新しい大学が数多くでき、それは市内に散在している。戦後になって古くからあったいくつかの仏教系大学は文学部以外の学部の充実を行なって急速に規模を拡大し、学生数が増加した。これらの仏教系大学や新しい大学が従来の書肆街である寺町・丸太町・今出川通り以外の地域外に散在しているということが、それらの周辺の地に書籍商の発達をうながし、書籍商の市内至るところへの分散化を促進することになった有力な原因かと思われる。

その結果、京都においてとくに顕著であった二、三の書肆街への集中が変化していった。最大の書肆街であった寺町通りは、昭和初期にくらべて書籍商の数が減った。しかし寺町よりもさらに著しい減少を見たのは丸太町である。書籍商街としての丸太町は、昭和のはじめにだいたい頂点に達し、その後、停滞的傾向に転じた。若干の店は、丸太町から京都大学の裏通り、百万遍の通りに移行した。戦争直後には、丸太町の書籍商もいちおう戦前に復帰する様相をしめしたが、間もなく減少し始めた。そして重要な書店の消失するものも出てきた。戦前、丸太町通りの新本店として有名であった西川書店においては、女主人の弟が、営業を譲り受け、間もなく京大裏通りに移って営業を続けていたが戦時中に廃業し、とうとう戦後は再開されることはなかった。さらに丸太町古書街の草分けでもあり、阿波グループの中心ともなっていた木村進文堂が、戦後しばらく営業を続けていたが、近年廃業してしまったことは、丸太町書肆街全体の運命を象徴しているようである。丸太町の書肆街の衰退と反対に、熊野神社以東、岡崎周辺に小さい新本店が多数出現したが、これは、昔はまったく見られなかった現象である。

寺町通りにおいては、戦後開店した古本屋は一軒もなく、戦前からのものばかりである。もっとも新しい二条下ルにある尚学堂でも、開店は昭和十二年である。この店は、臨川書店でしばらく修業した二代目が、現在は中心となり、父子で協力して五年ばかり前から毎月美術書中心のカタログ『尚学堂我楽多月報』を発行している。時々興味のある掘り出しものを見つけて電話で注文しても、先着順を厳守しているので、地もとの先客に取られて失望する場合が多いのは残念だ。戦前とくらべると現在寺町の新本・古本書店は、廃業したり他の場所に転じたりして数はかなり減じている。ことに四条通り以南においては半減している。この地域の書店は、演劇・映画・芸能関係のものを専門としていることによって知られていたが、いまでもその伝統は残っている。戦後、寺町通りで新本屋を開業したものもいくらかあったが、今日残っているのは二条上ルにある三月書房だけであるが、ここはよい学術書を揃えている。

これに反して、戦後著しい発達を見せたのは、河原町通りの古書店・新本屋の増加である。今日、河原町通りに店をもっている書籍商は約二十五軒あるが、そのうち古書籍を取り扱うのは十二軒、新本を取り扱うのは十三軒ということになっている。河原町今出川付近を北限とし、南は四条を経て五条までであるが、中心は丸太町付近から四条までで、戦後、京都のもっとも発達したショッピング・センターと地域を同じくしているのは興味がある。このうちの多くの店は河原町の西側にあるが、しかし東側にも何軒か存在している。二条から丸太町上ルにかけて、西側には本屋は一軒もないが、二条・三条間は、東側はわずかに一軒で、三条・四条間は丸善はじめ、三軒ほど新本屋がある。古本屋は二条・四条間は西側にかぎられている。

これらの店は、最初は河原町通りに電車が開設されてから、徐々に店舗をもつに至ったが、第二次大戦前はまだ多くなかった。戦後の再建期において、若干の店が旧来の土地を捨てて新たに河原町に店舗をもとめたことが、河原町筋の戦後の増加のきっかけであり、それから駸々堂(二軒)と京都書院が河原町に大きな店舗を開いたり、丸善が戦前中止していた新築を完成したことが、戦後の河原町の新本書店を盛んにするきっかけになった。戦前、河原町にあった店の多くが戦後再開したが、消失したのは、前に述べた大黒屋書店である。戦前から続いていたキクオ書店は一時商売をやめるのでないかと思うほど店内を放置してあった。近年すっかり立ち直り、内容も充実した。主人にほめると、令息が家業をつぐ決心をしてくれたので意欲を燃やしたといった。若い謙虚な青年で、前途を激励しておいた。戦後の河原町の発達を考えて、河原町通りに移転してきたものが何軒かあるうちもっとも重要なのは、寺町から移ってきた中山文華堂である。若林から分かれた山本文華堂は、寺町で美術書中心の古書店として先輩の足立集古堂とならんでいたが、戦争中閉鎖した。徴用から帰ってきた中山善次は、主家ののれんを譲り受け中山文華堂として出発することになり、河原町に新しい立地をもとめ、丸太町下ルの現在の場所に落ち着いた。丸太町から河原町蛸薬師に移ってきた平安堂と同じように、中山文華堂は美術書・考古学関係書に力を入れて特色ある営業を行ない、富岡鉄斎家・中山正善真柱などの信用を得て着実な発展を遂げた。私は時々、ここでたのしげに書物を見ながら雑談している真柱を見かけた。中山善次は商売のかたわら、古書商関係の資料、美術書カードなど、貴重な研究資料を集めていて階上の資料室に保存して、私の調査には終始協力し、コレクションを利用させてくれた。さらに戦後、河原町に移ってきた店には、京大裏通り、加茂川に近いところからきた竹山善書堂があり、洋書ことに言語学・文学を主とする古本を取り扱い、今出川・河原町付近の書籍街の中心となっている。現在は二代目が後をついで家業を守っている。

この付近から下鴨にかけては、大正の終わり頃までほとんど書店がなかったが、今日、数軒の書店が見られるようになっている。同志社・立命館大学の発展、学生の増加と直接関連あろうが、下鴨から北方の松ヶ崎・岩倉にかけての知識人の住宅街の発展とも関係があろう。

思文閣は、戦後いち早く目録の発行を始めた。それは二十一年半ばで、『思文閣図書資料速報』と命名され、その後、年に七、八回ずつ発行している(文車の会『日本古書目録年表』昭和四十三年)。古書店の目録としては戦後もっとも早いものの一つである。印刷業出身の田中新が、関係の深い出版業者の星野書店のもっていた紙を提供してもらったことも『速報』の発行を続けさせた根拠だろうが、この通信販売に徹することによって思文閣は発展を続けることができた。思文閣はその後、書物よりもむしろ古文書・古書画に力を入れ始めた。これは田中新の昔からの趣味であったのを、営業の対象としたのであったが、しかしはじめのうちは資金に制約されてもっぱら価格の安いものを取り扱っていた。当時は戦後の混乱期であり、また社会変革から古書画・古文書においても価値変動があり、戦前高かったものが暴落して、安い価格で取り扱うことができるものが多かった。思文閣が、この頃取り扱っているものを見ると、宸翰・儒者物・墨蹟、仏教関係のものなどが主体であって、戦後俄かに人々が顧みなくなったものが占められていた。営業資金が少なかったためであろう、新画とか重要な画家のものは少なかった。価格の下落しているもの、価格の比較的上昇しなかったものをえらぶことになったのであろうが、しかし反面、田中新個人の興味が元来そういうところにあったからでもあろう。

戦後の混乱が、いちおう落ち着く頃になって新たに新制大学の設立が続出し、それらの大学が資格を取るためには一定量の蔵書をもたなければならないことがあるとか、あるいは地方に新しく博物館・美術館が設けられて、どんどん古書画の買い入れを始めたこと、あるいは新しいコレクターが出てきて、古い図書、古文書を集め始めようとしたことなどがあって、思文閣の営業は順調に伸びていった。そこに、戦争から立派に成長し、たくましくなってかえってきた子供たちが父の仕事を助けることになった。これまでの思文閣の営業は受け身であったが、若い世代は積極的に仕入れや販売をやることになった。若い世代は常に意欲をもった買い方をした。そして目録を発行して注文をまっているだけでなく、どんどん積極的に売り込んで歩くということをやり、こうして時流に乗ることができたのであろう。

昭和三十年代は、古書画の需要が高度成長の波に乗って急増し、商品の流通回転が早くなり、そしてそれにつれて資金も豊富になり、従来、取り扱えなかった高価な、物故作家や一流画家の作品をも取り扱うようになって、売上額は加速度的に増加していった。そして思文閣は、営業が増加するに応じて、昭和四十一年に、株式会社組織に変更し、縁故のある顧客を株主として迎えて同族会社となることを避けるとともに外部資金を導入し、さらに信用力を増加することができた。業務の面では、まず書画の取引を新会社に移管し、さらに四十四年八月には田中新が個人経営として続けていた書肆思文閣を株式会社思文閣に合併し、古書籍・古書画を取り扱う会社となった。資本金八百万円でスタートしたが、四十四年には千六百万円になり、四十六年には三千二百万円、それから四十八年には一部時価発行して四千八百万円まで増加し、営業の発展に備えた。不況の昭和五十年度も売り上げは十二億円を越え、いまや十五億に近づいている。

こうして思文閣は、戦後京都の古書籍業者の中でもっとも目ざましい発展をした一人であるが、しかしその急速に発展した有力な原因は、古書籍のほか古書画の仕事を手びろく取り扱ったということであろう。さらに、こうした発展の過程において思文閣は東京に支店を設け、最近は名古屋に支店を設けた。京都においても、西寺町から東山古門前の美術商街の中心にビルを建て、そこを本社としている。しかし近年における思文閣の営業の急成長のいま一つの事情は東京進出である。東京では東京支店を活動の中心にしているが、もっぱら百貨店で展示会を開いて、そこで展示販売をするという新しい営業方針をとって、それが成功した。当初は、池袋の西武百貨店を主要舞台にしていたが、その後、松坂屋・松屋・大丸の諸百貨店をも展示の場所として利用し、いずれにおいても相当の成績を上げた。最近においては、三越百貨店でも単独あるいは同業者と共同で展示会を開くようになっている。他の百貨店における成功を見て、三越が他の百貨店と同一という有利な条件で展示を行なうよう勧誘したときいている。こうして東京でほとんど全部の百貨店への進出が、思文閣の営業を急速に大きくする結果になったことは間違いない。反面、価値ある商品の仕入れには容易ならぬ苦労があろう。

思文閣の今日までの経過を見ると、終始、目録販売に徹しているが、やはり高度成長期において社長となった田中周二の積極的な営業政策が、東京の多くの百貨店の展示会への進出にいてうまく当たったということと、事業の中心は一族で固めておいて、その人々が協力・一致、若い田中周二社長を助けて社業を推進してきたことにあると指摘できる。しかし、戦後三十年間に、思文閣の事業を支持し援助したものに、すでにあげた博物館・美術館・大学などのほかに昔からの中村直勝先生ほか多勢の学者・文化人がいることである。彼らは顧客として思文閣を利用したほか、思文閣が株式会社化した時、その後援者として株主になって援助するものが出てきた。これは、思文閣の信用を、さらに増大したものと思われる。思文閣は、その後新しい部門として出版を始め、まず古書の翻刻出版に手をつけた。これは従来、古書店として古書を取り扱っているうちに、いい書物で久しく絶版となっており、しかも今日なお需要が多くて、そのために価格が非常に高くなった書物が相当ある、それの復刻をやれば、需要にこたえ、しかも充分採算がとれるという判断をして始めたのではなかろうかと思われる。

復刻の仕事については、京都では臨川書店も同じような仕事を取り扱って成功している。臨川は、戦後、輸入外国書その他、大学の教科書に力を入れていたが、復刻にも力を入れ始め、『白樺』はじめ大部の文芸雑誌の復刻をやった。最近(昭和五十四年)は『紙魚の昔がたり』や和田維四郎の『訪書余録』の復刻を出した。臨川書店は出版事業が繁忙となるにしたがい、外国書の輸入を縮小し、その人員を出版部門に投入していった。さらに最近では、大阪阪急一階の阪急古書のまちに進出するとともに京都本店の古書部を閉鎖した。訪れるごとに何かよい古書を発見した古い馴染みには寂しいことである。思文閣は仏教関係、あるいは京阪地方で出た良書・善書の復刻を主としているのが、特徴になっている。この絶版書復刻というのは、ひとり日本だけではなしに今日世界的に流行して大きな仕事となっているが、それは何も骨董的書籍の復刻にかぎっていない。世界的に第二次大戦前の書物が絶版になっていて、古本の入手が今日非常に困難になっているのが多い。そのため内外において、こうした古い書籍の復刻ということが大きな仕事になっているのではないかと思う。むろん、これには近来の印刷技術・複写技術の発達ということが、こういう仕事を容易ならしめていることを忘れてはならない。

思文閣はさらに一歩進めて、骨董的善書の復刻に手をつけた。陽明文庫のそれである。陽明文庫の内容についてはすでに述べた。この企画の充実していることは、いうまでもない。これに比較できるのは、東京の八木書店が数年前から始めた「天理図書館善本叢書」の出版であろう。天理善本叢書の和書の部は第一期・第二期・第三期の四十巻を完了し、目下は第四期を刊行中であり、そのほか天理図書館の誇る「きりしたん版集成」の発行も行なった。ともに読書人にとって、この上ないよろこびである。

京都書肆街の戦後三十年間の変化を一言で概括すれば、河原町書肆街の発展と寺町・丸太町・京大裏通りの衰退である。そして京都市内至るところに相当の新書店・古書店の散在を見るに至ったことが指摘できる。河原町が新しい書肆街として発展したといっても、その数は三十軒以下であり、隣接した丸太町・寺町を合わせても五十軒前後にすぎない。これが今日の京都の書肆街中枢部の全貌である。

京都における出版業の退勢は依然として続き、雑誌出版は、東京が支配している。週刊誌を含めてまったく東京の独占で、京都発行の雑誌としては茶道・芸能関係以外で、いくらか知られているのは、白川書院の発行する『京都』ぐらいである。白川書院は、臼井喜之介が昭和二十五年に雑誌『京都』を創刊する時、臼井書房を改称したものであり、『京都』は一時『京都と東京』と改題したこともあったが、数年前『京都』に復し、京都ブームに乗り、臼井が逝った後も夫人・令息などで経営を続け、三百号記念号を出した。戦後、混乱の中で大仏次郎が京都ブームの種を蒔き、臼井が『京都』でこれを育て支えてきたというべきであろう。二人の功績は大きい。その京都ブームも、今日では東京で発行される週刊誌や婦人雑誌の年々利用するところとなっている。最近における白川書院の行き詰まりは、一般的な出版不況も見逃せないが、白川書院の場合の特殊事情は、京都ブームを利用する週刊誌・婦人雑誌その他の強烈な競争の結果である。同書院の場合、多くの執筆者、その他の債権者の同情により、ともかく危機を脱したようだが、まだまだ楽観は許されないだろう。戦後の日本の出版は、週刊誌とペーパー・バックスの繰り返し行なわれたブームによって飛躍を遂げたということができるが、この二つはともに東京の出版業の所産であり、独占するところである。また便利堂・芸艸堂などを中心として京都で重要な役割をもっている美術書の出版においても、国際的な取材活動を必要とする大規模な美術全集の出版となると京都の美術出版社の限界を越える仕事であって、東京の巨大な資本を擁する大出版社によって、まったく独占されている。

II　神田書肆街百年

神田書肆街の神田とは普通の神田より狭い地域で、飯田橋・俎橋・雉子橋から外濠に沿って神田橋に至り、そこから神田川にかかっている昌平橋を結び、それから御茶ノ水橋・水道橋を経て飯田橋に至る範囲の地域をさすのである。地域は駿河台とその周辺の低地帯とから構成されており、低地帯は江戸時代はひろく小川町と呼ばれていた。神保町の交叉点を中心としてだいたい六百メートルの距離のうちにある。

もとの神田区は、上述の地域のほかその東の鎌倉河岸から今川橋・万世橋を経て柳原から隅田川に及ぶ地域、さらに神田川を越えて下谷に接する神田明神一帯を含むものであって、神田川を越した地域は外神田といい、神田川と江戸城の間の地域は内神田と呼ばれた。内神田の地域は江戸時代は、はっきり二つに分かれていて、神田橋・昌平橋を結ぶ線から西、俎橋に至る地域は、ほとんど全部侍屋敷で占められていた。神田橋・昌平橋を結ぶ線のすぐ東側のお玉ヶ池付近には医者・詩人・浪人なども住んでいたが、さらにその東側から今川橋・須田町に及ぶ地域には、町人・職人階級の人々が多く住んでおり、ここに住む人々は、江戸っ子中の江戸っ子として知られていた「神田っ子」であった。外神田には昌平黌があり、その付近には昌平黌の教授や関係者のための役宅があったが、下谷に近い地域には下級武士が多く住んでいた。

江戸時代全体を通じて狭義の神田の特徴は、初期にはいくらか寺院があったが、徳川中期以降には寺院は神田から他に移され一寺も残らなくなり、墓地もなかった。さらに町屋もなかった。したがって書籍の出版・販売を取り扱う本屋が、この地域に一軒も見られなかった。徳川時代、江戸で盛んだった書籍出版や販売業は、京橋から日本橋、さらに伝馬町方面にかけて集まっており、徳川末期には芝の方面にも本屋ができていた。

こうして神田が明治維新を迎え、その後、今日に至る百余年の間に、出版・印刷・製本・流通・小売など、あらゆる書物の生産・流通過程に関係ある機関をここに集めて日本最大のブック・センターとなったばかりか、その集中の規模やひろがりにおいては世界の歴史においてもこれにならぶもののない巨大な同業者町を形成することになった。

現在、ひろい意味での神田を見わたすと、同業者街としては、外神田においては電気器具ことに家庭用電気製品の販売の大きな同業者街が形成されており、近来それは世界的にまで有名になっているが、そのほか外神田に果物・野菜の大市場もある。それに近接して繊維問屋、とくに毛織物商の同業者町が形成されており、さらに既製服の同業者が軒を連ねているところもある。したがって、神田には、かつてはいろいろな職人が同業相集まっていくつかの同業職人町を形成していた。古い町名からもそれをうかがうことができたが、今日は家庭用電気製品、野菜青物、毛織物材料・毛織物加工品の流通業者の同業者が存在している。しかし、繊維でも生産業者はここには関係ない。ところが書物の場合は、神田には出版・印刷・製本・取次・卸売・小売・新本・古本、あらゆる部門の同業者が集まっており、さらに組合・団体の事務所、古書の仲間取引や即売・展示のための古書会館などの施設もあり、その規模・範囲においては複雑・総合的で、単なる流通部門の同業者街とは比較にならず、いわば書肆のコンビナートを形成しているのである。今日神田書肆街に集積されている新本・古書は、合わせて七百万ないし一千万冊の厖大な数量に達するであろうと見積もられている。それは人類がはじめて経験する巨大な図書館ともいえる。

書物の同業者街として世界でも大きな書肆同業者街は、ロンドン、パリ、ベルリン、ライプチヒ、ニューヨークなどにおいて見られるが、それらは集中度や総合性においては、とうてい今日の神田のそれとは比較にならない。こうした世界一の巨大なコンビナートが、いかにして百年という短日月の間に神田において形成されたか、どんな条件がそれを可能にしたかを明らかにしたい。

一　明治前期(明治十年―十九年)

江戸時代に狭い意味の「神田」に一軒も本屋がなかった原因は、神田が侍屋敷、一部の幕府直轄用地を除くほかは少数の譜代大名と旗本屋敷の用地で占められていて、商業用地でなかったということが主な原因であったことは、すでに述べた。

神田は江戸城に接近しているために幕府が直接所有している土地がかなり多く、とくに江戸城に接近した濠端の地域は、火除地として空地のままで放置されていたことが目につく。それに続いて神田川に至るまでの地域は主として旗本の屋敷として使われており、ところどころに大名の上屋敷または中屋敷があったが、しかしその数は二十に達せず、しかも小身の譜代大名であって、三家・三卿その他、広大な上屋敷・中屋敷・下屋敷をもっていた外様の大大名は、みな神田の外または内であった。たとえば水戸家・尾張家・紀州家、金沢の前田家は神田川の外の小石川・市ヶ谷・赤坂・本郷にそれぞれ大きな屋敷をもっており、三卿は神田から一ッ橋を渡って入った江戸城に接した地域に屋敷をもっていた。また神田橋を渡って入った丸ノ内には、主として譜代大名の屋敷が多く軒をならべていた。神田は主として旗本の屋敷であった。旗本八万騎といわれたが、実数はずっと少なく、神田のほか麹町・番町に屋敷を構えていた。

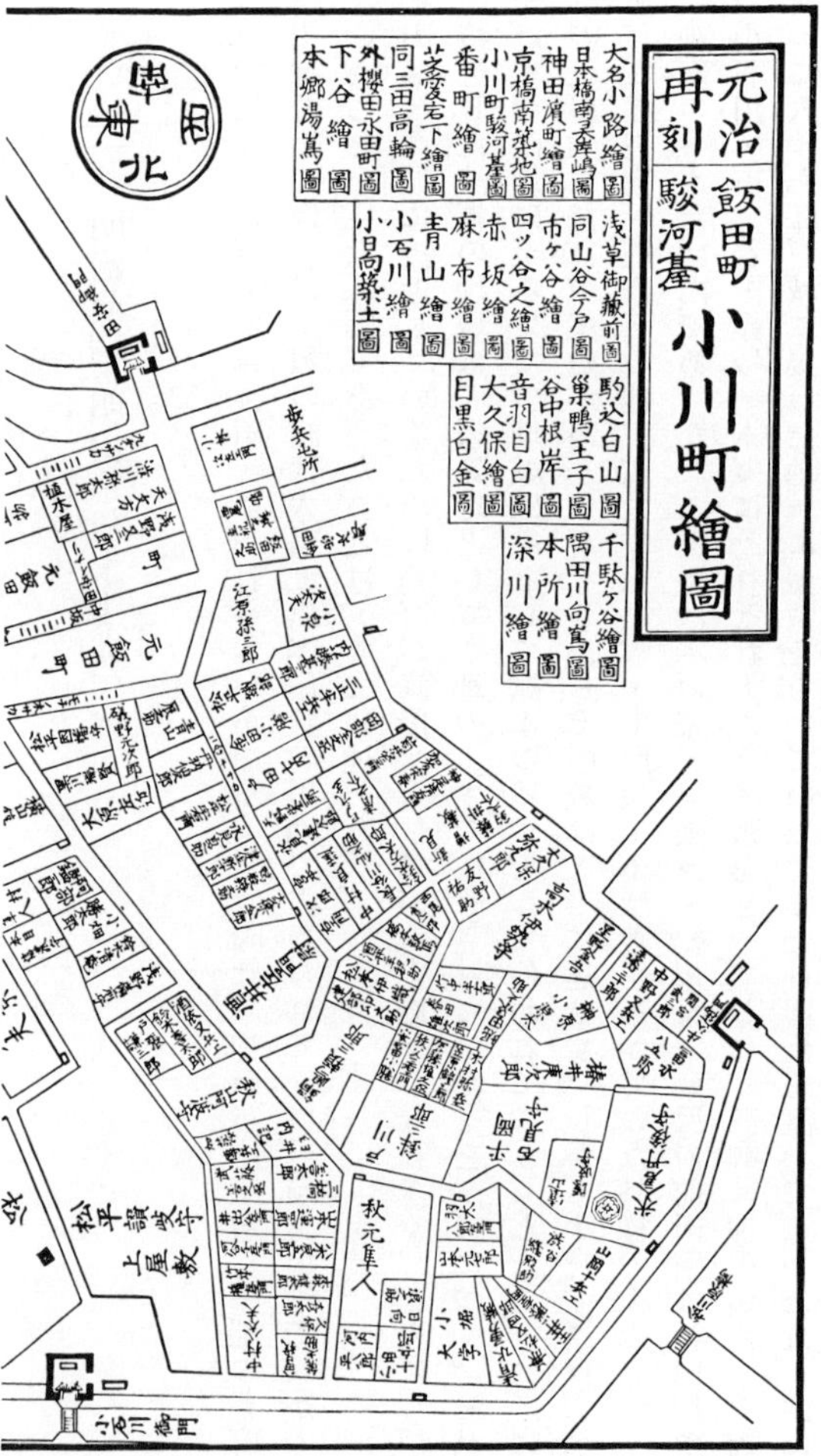

幕末の神田（『古板江戸図集成』巻八、中央公論美術出版より）

鉄炮御蔵
清水殿
御用屋敷
小出伊勢守
講武所
松平讃岐守

一橋殿
一番原
御火除地
地誌調所
開成所
牧野讃岐守
榊原式部大輔
小出伊勢守
松平駿河守
伊東播磨守
松浦弾正
高山安左衛門
堀貞之助
松下大学

御紋御上屋敷 □中屋敷
□神社佛閣 □道路并橋
□町 家 □川 堀 池
□山林土手馬場原植溜等
慶應元乙丑歳再刻
江戸麹町六丁目
金鱗堂
尾張屋清七板
神田橋御門
本多伊豫守
騎兵當番所
馬場
陸軍所
歩兵屯所
稲葉美濃守
松平弾正忠
松平左衛門尉
戸田長門守

神田に屋敷をもっていた旗本のうち、駿河台一帯に住まっている旗本は、もと、徳川家康について駿河にいっていたが、家康の死後、江戸にかえってきて、新たに開拓されたばかりの神田山に屋敷をもらって住まっていたもので、それで駿河台の名が起こり、甲賀町は甲賀組が屋敷をもっていたからつけられたものであろう。駿河台は元来、本郷台と地続きで神田山と呼ばれていたが、江戸初期に幕府がここに掘割をつくり、神田川の流れを変えて、ここを通し、東に流れて隅田川に入るようになった。この掘割は船も通るが、それよりも江戸城の外廓の防衛線という意味で本郷台と駿河台とを切り離したと考えられる。この間を結ぶものとして早くから水道橋と万世橋があったが、後に昌平橋がかけられた。御茶ノ水橋は維新後だいぶ経ってからのものである。

幕府は、江戸末期になって、一ッ橋通りに蕃書調所を移したが、これが後に開成所になり、大学南校、東京開成学校を経て、東大になったもので、ここが、明治新学問の源泉ともいえるところである。さらに幕末になって、種痘の研究をすることを蘭医たちが請願をして、幕府から許可を得て神田和泉町の侍屋敷の中にそれを設けた。それがだんだんと発展をしてきて、明治維新を迎えるまで蘭医学研究の中心となっており、その付近には蘭医者が集まってきていた。明治維新とともにこれが医学所となり、新しい医学研究機関として再スタートし、さらに大学東校、東京医学校と名前をあらため、明治十年に東京開成学校と合わせて東京大学を形成することになり、昭和五十二年には東京大学は開校百周年を祝った。東京大学ではまず医学部が東京医学校時代の明治九年に神田から本郷の新キャンパスに移り、次いで法文学部が明治十七年、理学部が十八年にそれぞれ本郷へいき、最後に工学部が虎ノ門から本郷に移った明治二十一年に新しい東京大学のキャンパスが完成した。しかし、大学南校のあった神田錦町には東京大学予備門（明治七年、東京外国語学校の英語科が独立して東京英語学校となり、それが明治十年四月に東京大学予備門となった）がしばらく残っていたが、これも明治二十二年、本郷に移って第一高等中学校となったのである。

東京外国語学校は、明治六年に一ッ橋通りに設けられていたが、明治八年京橋に設けられていた商法講習所（後の東京商業学校）が移転してきて、東京外国語学校は一時それと合併されていたが、間もなく廃止されてしまった。しかし、明治三十年代になってまた外国語学校は復活し、さらに後に、それは独立して東京外国語学校となり、そこでは各種の外国語が授業をされることになった。東京外国語学校はその後、一ッ橋通りから外濠の中に移り、旧一橋家の敷地に校舎を建てていたが、第二次大戦末期、西ヶ原に移った。

また明治十年十月には学習院が神田錦町に開設され、公卿華族・大名華族の子弟の教育機関として発展することになった。学習院とは、かつて公卿の子弟の教育機関として京都に設けられていたものであったが、維新で廃止されていた。当時神田のこの付近には公卿華族・大名華族の居住するものが多かったため、この地が東京における学習院の最初の立地に選定されたのであろう。学習院は明治十九年に火を発して焼失したが、場所を移して復興した（『開校五十年記念学習院史』昭和四年)。

学校がいくつもでき新しい住民が増加するにしたがって、付近には次第に商店が現われてきた。その中に当然、書物を取り扱うものも出てきた。そしてこれらは、まず教科書類を学生に提供することがねらいであったのではないかと思うが、はじめのうちは学校に接近した地域よりも、一般の商家のある東部の地域、すなわち淡路町から小川町の通りに本屋が現われた。新たに開業したものもあり、他の地域で営業していたのが移ってきたものもあった。

神田における書生生活を見ると、明治はじめから十年代にかけては、官立の学校がまず中心で、そこでは授業は、外人教師が中心であり、主として外国語で行なわれた。書生は全寮制で、多くは校内の寄宿舎で生活をしていた。各旧藩または出身県の給費生が大部分を占めていた。秀才だが貧困なもの、士族階級の出身のものが多かった。こうした学校群・学生数の神田に対する集中はどうして生じたか。蕃書調所という洋学の研究機関が、ここに幕末から存在していたことが大きな原因であっただろう。しかし多くの学校が続いたのには別の理由がなければならぬ。それには神田に存在していた侍屋敷の維新後の始末と深い関係をもっていた。維新後江戸の半分以上を占めていた大名屋敷・旗本屋敷など、侍屋敷はどうなったか、それを見なければならぬ。

新政府は幕府に代わった後、幕府所有の土地と屋敷を全部収用した。旗本は維新に際してこれに対処するのに三つの途があり、各〻好むところにしたがった。第一は、彰義隊に加わって

神田の国立学校（『東京外国語学校沿革』により作成）

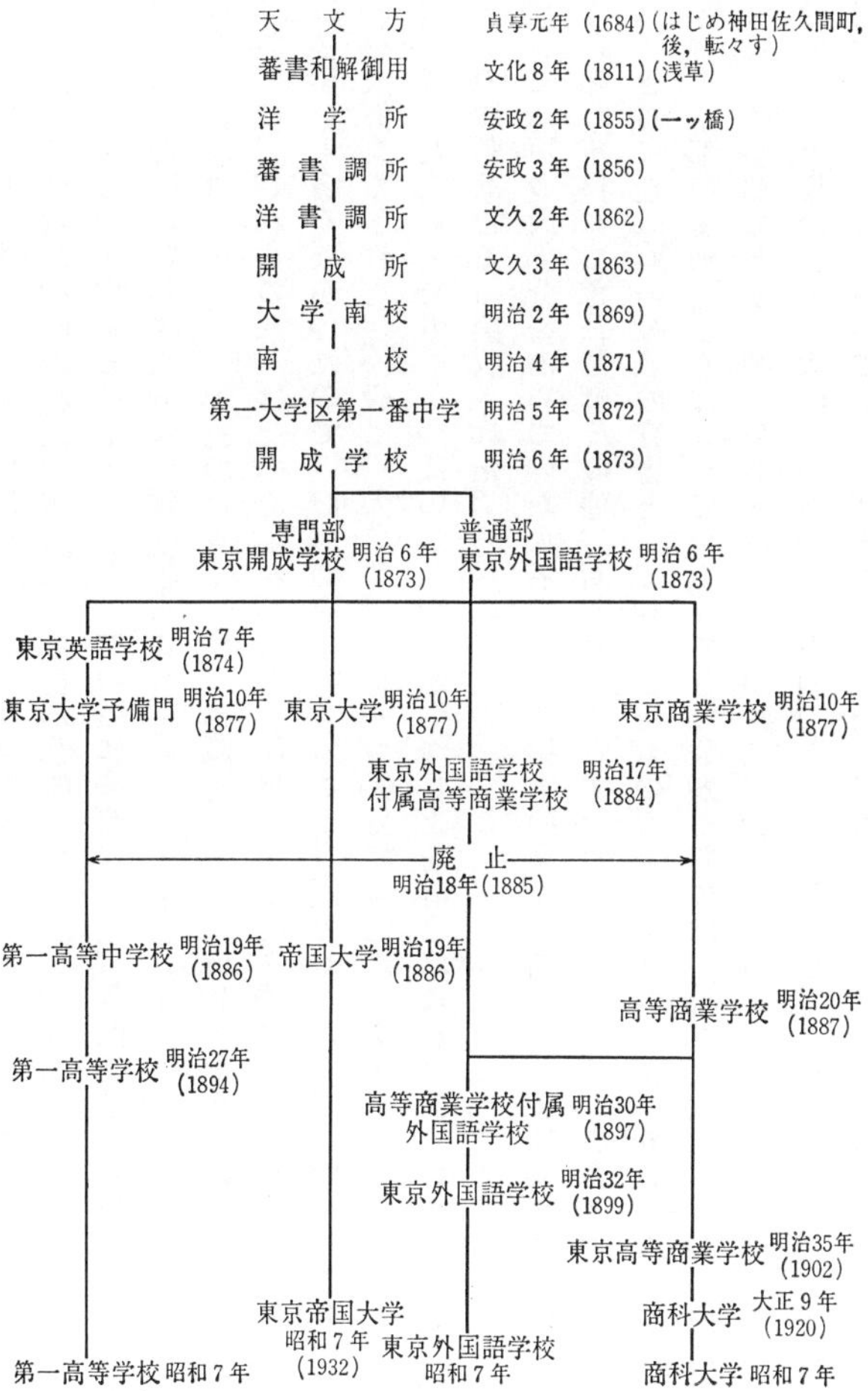
天　文　方　貞享元年（1684）（はじめ神田佐久間町，後，転々す）
蕃書和解御用　文化8年（1811）（浅草）
洋　学　所　安政2年（1855）（一ッ橋）
蕃書調所　安政3年（1856）
洋書調所　文久2年（1862）
開　成　所　文久3年（1863）
大学南校　明治2年（1869）
南　　校　明治4年（1871）
第一大学区第一番中学　明治5年（1872）
開成学校　明治6年（1873）
専門部
東京開成学校　明治6年（1873）
普通部
東京外国語学校　明治6年（1873）
東京英語学校　明治7年（1874）
東京大学予備門　明治10年（1877）
東京大学　明治10年（1877）
東京商業学校　明治10年（1877）
東京外国語学校付属高等商業学校　明治17年（1884）
廃　止
明治18年（1885）
第一高等中学校　明治19年（1886）
帝国大学　明治19年（1886）
高等商業学校　明治20年（1887）
第一高等学校　明治27年（1894）
高等商業学校付属外国語学校　明治30年（1897）
東京外国語学校　明治32年（1899）
東京高等商業学校　明治35年（1902）
東京帝国大学　昭和7年（1932）
商科大学　大正9年（1920）
第一高等学校 昭和7年
東京外国語学校　昭和7年
商科大学 昭和7年

薩長軍と戦い敗れて逃亡し、中には江戸を逃れて東北や函館までいって戦ったものもあったが、これは当然その屋敷が没収された。第二は、慶喜が恭順の意を表して謹慎した後に静岡へ移って、そこでしばらく居住することになった。この時に慶喜について静岡へ移った旗本も相当あった。さらに静岡にいかず自分の所領(関東の田舎)にかえったものもある。これらはともに東京の従来の家屋敷を失った。第三のグループは、新政府の徴用に応じて新政府に入り協力した人々であって、これらの人々はその邸宅をいちおう保持することを許された。しかし、彼らの収入は必ずしも多くなかったので、旧屋敷を維持することは困難で、だんだん縮小したり手放すことを余儀なくされた。一般に、大名は屋敷を一つ保持できたが、上・中・下屋敷など三つ以上もっていた大大名でも、一つないし二つしかもつことを許されなかった。佐幕派として戦った大名の屋敷はむろん接収された。

こうして江戸の大部分を占めていた大名屋敷・侍屋敷の多くは新政府の手に移されたが、新政府は京都から移ってきた公卿その他、新政府の高官すなわち薩長・土肥の有力者の住居に提供した。さらに新政府の役人の官舎として利用したものも少なくなかった。新政府の中心に立った高官や京都の屋敷を政府に委ねて東上してきた公卿たちには、大きな大名屋敷が交換に与えられたのは当然である。神田や駿河台の旧侍屋敷は、新政府の高官や官僚になった人々に利用させていたと思われる。大名・公卿の住むものもあった。しかし、やがて新政府は、その土地を居住者や希望者に対して払い下げることにした。役人に支払う月給の現金の代わりに土地をもってした場合もあったようであった。その当時、駿河台方面の土地は千坪二十五円という価格で払い下げられたが、多くの人々は土地を所有すると地租がかかってくる、さらにそれが増徴されるおそれがあるということで、容易に土地を所有することをしなかった。

しかし、駿河台方面においては、華族と新政府の高官連の居住するものが多かった。後には、新富豪や学者の居住者が増加した。学者では文人もいたが、医者が目立って多かった。ところが、神田のうち錦町・神保町・猿楽町あたりは必ずしも居住地としてのみ利用されないで、空家・空地がかなり見られた。こうした空家あるいは空地を利用して、学校あるいは塾を新設しようとする動きが現われてきた。錦町に設けられた錦華学校(後に錦華小学校となる。夏目漱石はここを出た)が旧大名屋敷を提供されて始まり、華族小学校といわれるくらい、付近に住む華族の子弟を集めていた(『錦華の百年』昭和四十九年)。学習院が錦町に新設されることになったのも、同じような適当な用地があったこともあるが、華族の付近に住するものが多かったためであろう。漢学塾あるいは英語塾が、こうした旧旗本屋敷を利用して開かれ、各種学校も同じ事情で神田に立地を容易に見出すことができた。こうして明治十年前後から二十年にかけて神田は、かつての侍屋敷町から華族(公家および大名)屋敷町に、さらに学校街へと変貌して新しい様相を呈するに至ったのである。

学校に伴って、学者・学生が集まってくることとなり、さらに書物の需要の増加に伴って本屋が生まれることも当然の経過である。明治十年頃から学校街に続く表神保町の通りに教科書・参考書、その他の新古本売買を目的とした本屋がぼつぼつでき始めた。この頃活字印刷がようやく普及し始め、専門の印刷所ができ、こうしたものを利用すれば出版することが容易になったことから、神田にも出版を目的とする本屋が生まれたり、古本屋で出版を始めるものが現われ出して、ようやく本格的な書肆街の態勢を整え出した。

神田書肆街の草分けとしてみとめられるのは、有史閣という名前で始められた、江草斧太郎が一ッ橋通りに開いた古本店である。有史閣は間もなく有斐閣と改め、出版を始め、やがて法律書・経済書の出版を主とする本格的な出版業者となって今日まで営業を続け、昭和五十二年に創業百年を祝うことができたのである。

江草は埼玉県の忍藩の下級藩士の子であったが、維新に際会して若い江草は東京に出てきて、同じ忍藩の出身者の開いていた芝の慶雲堂という本屋で数年見習い修業をした後、独立して神田で店を持ったものである。一説には、最初に夜店を開いたとも、あるいは慶雲堂をやめてからしばらくの間競取《せど》りをして、後に床店《とこみせ》を持って古本商売を始めたという説もあるが、一ッ橋通りの旗本屋敷の長屋のうちの狭い一軒を借りて、店をもったのがはじめとされている。開業資金の五十円は郷里の父が秩禄公債を処分して与えたものと伝えられている。これは当時としては相当の資金である。開店は、明治十二年という説もあるが、十一年には、すでに『読売新聞』に広告を出していることが発見されたので、明治十年秋の開店という推定が有力である。東京大学の創立と年と場所とを同じうしたのである。有斐閣の創業はわずか百年前のことであるが、たびたびの火災で古い資料がほとんど焼失していて、創業年月を直接に確定する資料がいままでのところ見出せない。

その前後にはすでに本屋で神田に店を開くものが出ているが、それは、淡路町・小川町付近で、その頃淡路町には共立学校がすでに設けられ、学問をしよう、東京大学に入ろうとする青年を集めていた。ここでは高橋是清が一時校長をしていたこともあり、後に開成中学となった。こうしたところに人々が目をつけ淡路町から小川町にかけて何軒かの本屋や新聞社(『団々珍聞』)が現われた。その中に明八堂・明久堂という店があったが、その店名は明治八年・九年の創業をしめしているようだ。当時多くの新聞社は神田よりも京橋・銀座付近に集まっていた。

有斐閣に続いて明治十年代には、小川町や神保町には中西屋・東洋館・三省堂・冨山房などが現われてきた。このうちもっとも注目すべきは小川町駿河台下に明治十四年に開かれた中西屋書店である。中西屋書店は、丸善の創立者であり、社長である早矢仕《はやし》有的《ゆうてき》の開いた店である。早矢仕有的は幕末期に慶応義塾を卒業して、福沢諭吉先生に勧められて横浜で本屋を始め洋書の取り扱いを始めたが、間もなく東京に移ってきて、日本橋に丸善書店を開き、ここが彼の東京における活動の中心になり、その後、今日に至るまでの丸善の本拠地となっている。

早矢仕はなかなか活動的であって、洋書の輸入のほか出版を始め、さらに西洋雑貨の輸入を行ない、今度は為替や銀行業にまで手をひろげた。取り扱う輸入洋書の売れ残りや汚損本をそのまま死蔵しておくのはもったいない、さらに一度読んだ英語や外国語の本を売りたい、という人が次第に出てきた。それを買い取ってやるものがなければ、貧乏な学生は次の本が買えない。外国書の古本の買い取り、売れ残りのストックの処分の必要を痛感した。しかし彼は輸入新本を取り扱う丸善本店でそれを取り扱うのは必ずしも得策でない。すなわち外国書専門の古本屋を別に開こう、それには本店のある日本橋よりも、購買力は少ないが、読書欲の盛んな学生の多く集まる学校街の神田で開けば当たるのではないかと考え、すでにあった本屋の店を買って新たに中西屋を開いたのである。古本屋であるから丸善という名前を使うのはまずいというところで中西屋、別名「掃葉軒」という名前をつけ、その経営には自分の甥を起用した。屋号の中西屋は、実在の個人の名でなく、中国と西洋の書物を取り扱うという意味でつけられた。掃葉軒は滞貨を一掃する意味であるといわれている。早矢仕は、さらに中西屋の隣に文房具店を開くということを考えついた。これも親戚のものにやらせた。これが今日まで続いている神田の文房具・洋画材料商文房堂の発祥である。要するに早矢仕は、洋書専門古本店の日本における創始者であって、これから次第に神田に続出する洋書古本店の草分けでもあったのである(『丸善社史』昭和二十六年)。

彼はさらに和書の古本商売も今後重要だと考えたと見え、叢書閣という名前の本屋を京橋に出し、そしてこれは甥の早矢仕民治に経営させた。しかし後に、この店は神田湯島に移ってきて、そこでは和書の古本商売をやめて出版に力を入れ始めた。それはとくに徳川時代に盛んに売れた書物を新たに活字で復刻をするという仕事に力を注いだものであった。おもしろいことには、その出版物の奥付を見ると発行所は叢書閣ではなくて、武蔵屋という名前をつけている。ちょうど漢学の復興とか、日本の古典を見直すという明治十年代の半ばに起こってきた気運に、この企画が適合して、一時盛んに売れたものである。これが有名な武蔵屋本であって、後に博文館が出した帝国文庫の先駆であるということもいえ、明治出版史上、見逃すことのできない早矢仕の新企画である。こうして彼は、明治十年代の東京の書肆業界をリードしたのである。それは明治維新直後の新しい出版業をリードした福沢諭吉に次ぐものであろう。福沢が自ら出版に着手した時は、まだ活字出版が普及していず、彼は、彫師・摺師を自ら雇って、出版を行ない、進んで福沢屋諭吉の名で書林組合に加入したものであった(石河幹明『福沢諭吉伝』昭和七年。丸山信『福沢屋諭吉』「こつうまめほん」三十四、昭和五十三年)。

この新たに開けようとする神田の本屋街に、いま一軒、新しい企画をもった本屋が明治十六年に出現した。それは、東洋館という名前をもって小川町に開かれた本格的な出版社である。東洋館とは、この店を開いた小野梓の号をとったもので、彼は土佐宿毛の士族出身で、明治維新前、すでに江戸へ出てきて討幕に加わり活躍し、維新後に一度帰国したが、政情が落ち着くと再び東京へ出てきて、先輩の援助を受け、明治四年にアメリカへ赴き、さらにイギリスに渡って勉強し、明治七年に日本へ帰ってきた。ロンドンでは政治学を主として勉強し、さらにイギリスの政治の実際を研究してきた政治学界の先達者の一人である(西村真次『小野梓伝』昭和十一年)。

彼は帰国後、日本の政治をよくするには三つの方法が必要で、それを併せて実行しようと考えていた。その一つは、良い政党であり、第二は良い学校の創立、第三は良書の出版・普及である。まず彼は、一方では、東京大学で政治・法律を学んでいる若い学生に目をつけ、その人々との接触を図り、これを同志として、協力をもとめ、他方、当時の政界の中心である人々との接触をもとめようとして大蔵省に入り、大蔵卿であった大隈重信に接近するようになった。小野の周囲に集まった東京大学の法科・文科の学生のグループのうちに高田早苗・天野為之・市島謙吉・山田一郎などがおり、彼らと定期的に会合し、それを鷗渡会と呼んでいた。小野は人と接触したり、あるいは、人を集めて組織化するについては、特殊の才能をもっていたようである。すでにロンドンにいる時に、同地に留学している日本人を集めて、研究会を開くとか懇親会を開くことを企てた。さらに日本にかえってくると、ロンドンに留学していた人々の定期的な会合を組織して、新しい知識の交換・摂取の機会をもつことを行なった。

また若い学生と接触するには、そういう人と定期的に会合して議論をし、自宅を会場にして食事をしつつ、政治の理論と現実を解説して、彼らが、学校では学ぶことのできない話をして、現実の世界に対し、批判的な見方をもつことを教えた。彼はまた学問の独立の重要性を説き、理想的な学校は宗教と政治から独立したものでなければならないということを主張した。それには東京大学を近く卒業しようとする有望な青年学徒のグループを、自分の考えに引き込んで、その人々を中心スタッフとして理想的な学校を設立しようと考えた。当時東京大学が、ほとんど外国人によって外国語で講義され、外国語に上達していることが学生の大きな条件となっているのに対して、小野の新しい学校では、日本人が日本語で講義をすることをやろうという構想でスタートした。しかし充実した施設をもった学校をつくるのには、巨額の費用が必要だと考えていた。たまたま大隈が明治十四年の政変で下野することになったので、小野梓も官庁勤めをやめた。そして大隈の政治運動にも参加・協力し、それによって理想的な政党を結成しようとする小野の希望は、これによって急速に具体化することになり、さらに学校建設についでは、大隈としばしば意見を交換した後、大隈が積極的に学校建設に乗り出すことになった。大隈はかねて早稲田の田園の中に邸宅を構えようとして、旧大名の下屋敷であった広い土地をもっていたが、その土地の一部を学校敷地に利用することにし、東京専門学校の設立となり、明治十五年に東大を卒業した小野グループの高田早苗以下の数人は、多くの東大卒業生が入る官界・官学、あるいは政府与党の政党などには見向きもせず、かねて師事していた小野梓の理想の実現としての東京専門学校開設に積極的に参加することになった。

元来、東京大学は、政府のために国家有用の人材を養成するというのが目的であって、そのために国費を投じていたわけであるから、その卒業生は当然政府や官学に就職することが期待されていた。それが大挙して東京大学の敵国とでもいうべき新しい学校建設に身を投じたことは、政府はもちろん、東京大学の関係者に非常な衝撃を与えた。東京大学では卒業式に当たり、教員の代表者が祝辞を述べる慣例があったが、明治十五年七月の卒業式では、哲学・経済学を講じていた外国人教師フェノロサは、卒業生は、政府に入り、これと協調すべきことを強調したと伝えられている(『学芸志林』明治十五年)。その後、政府は陰に陽に新しくできた東京専門学校を圧迫した。これ以後東京大学では、学生は国家有用の材となるべきで、それには卒業後は政府機関または官立学校に入り、政府に協力すべきだというふうな考えを、常に強調するようになった。

高田早苗は、江戸神田にあった古くからの船問屋の人である。しかし高田家には、昔学問のすきな人がいて、多くの書物を集めた。後に水戸の徳川家が『大日本史』を編纂する時に、それが資料として提供され利用されたというところを見ると、商家のつくったコレクションとはいえ、いかに程度の高い貴重なコレクションであったかがわかる。維新後、高田家は、交通と政情の変化により船問屋の仕事が衰微し経済的に非常に困窮した。しかし高田早苗は共立学校を経て東京大学に入り、秀才のほまれが高かった(京口元吉『高田早苗伝』昭和三十七年。『半峰昔ばなし』昭和二年)。

天野為之は唐津藩の江戸下屋敷で生まれたが、維新後、唐津にかえり、招かれて唐津にいっていた高橋是清の英語学校で勉強し、後に東京に出て、外国語学校・開成学校を経て東京大学を卒業したのであるが、経済学の研究をした。天野は、政治を勉強した高田とともに東京専門学校の創立に参加したが、後年彼は高田とたもとを分かつことになった。

名古屋からきて東大に学んでいた坪内逍遙も、明治十六年に卒業後、このグループに加わって東京専門学校に参加することになった。坪内は学生時代からだんだんと文学に興味をもち、翻訳をしたりしていたが、創作に関心をもち、まず最初に『小説神髄』(明治十八年)を出し、さらにそれに引き続いて『一読三歎当世書生気質』(明治十九年)を出して、一躍文名を馳せた。友人たちに誘われて、新学校建設に参加し、英文学を講じ、かたわらシェークスピアの翻訳、新演劇運動を行ないつつ、早稲田学園の大黒柱の一人となった。

新潟から出てきて東京大学に学んだ市島謙吉は、越後の有名な大地主市島の一族であったが、文才があり、田舎で一時、新聞記者をやり、新聞の経営もしていたが、後に早稲田の経営に積極的に参加し、高田・坪内とともに早稲田学園の三大柱といわれるに至ったが、創立当初は高田・天野・坪内の三人が学校を支えていた(『稿本早稲田大学百年史』一巻中、昭和四十七年)。

東京専門学校は法律・政治・経済・文学が中心であった。ところが、小野梓は政治と学校だけでは満足せず、民衆教化のためには、良い書物を普及させなければならないことを考えた。そのため明治十六年に株式会社東洋館を設立し、立派な店を開いた。それは小川町の丸善が開いた中西屋の付近であった。東洋館は出版を主とするが、学校教科書に用いる洋書の輸入販売もやるということで華々しく開業した。同館の出版としては、坪内雄蔵のシェークスピアの『ジュリアス・シーザー』の院本体翻訳である『該撒《シイザル》奇談　自由太刀《じゆうのたち》余波鋭鋒《なごりのきれあじ》』(明治十七年)がもっとも有名である。坪内は高田に紹介されて、翻訳を東洋館と出版契約をしたといわれている。

小野は学校の仕事以外の時間には、東洋館にきて経営に当たり、良い本を出すために良い著

『該撒奇談　自由太刀余波鋭鋒』本扉

者をもとめることに努力するかたわら、自著の『国憲汎論』の完成のため寸暇を惜しんで執筆を続けた。ところが政治活動・学校創立・出版業と三つの活動を主宰者として同時に並行して進めていたために、元来強健でない健康を損ねることになった。衰える健康にもかかわらず、彼は必死になっていままでの研究をまとめて、東洋館から出そうとした。『国憲汎論』はようやくできたが、彼は明治十九年に倒れた。彼は出版企画をいろいろ立てて大いに為すところあろうとしたが、あまりに手をひろげすぎて財政的にはすでに行き詰まっていた。東洋館の経営に要した資金は、彼の義兄の土佐宿毛出身の財界人の小野義真が主として出していた。中心の小野梓が死んだのでは東洋館は事業を継続することはできないという判断で、小野義真は整理・清算しようとした。その時、宿毛からきて東洋館の仕事を手伝っていた二十歳の青年の坂本嘉治馬が、東洋館のせっかくの仕事をここで中止するのは惜しいということで、小野義真に、事業の後を続けてやってみたい、それには資金がなくてはならない、資金として二百円貸してほしいと頼んだ。かねて同郷の後輩の坂本青年の仕事ぶりを知っていた彼は、収支目論見を作成させ、検討の上、希望通りの資金を貸して事業をやらせたのである（『冨山房五十年』昭和十一年）。

坂本は、東洋館を閉鎖して、別に表神保町通りに小さい家を借りて、新たに出版業を始めたが、それが冨山房で、明治十九年のことであった。冨山房はまず、東洋館から出版するということで準備をしていた天野為之の『経済原論』の原稿をもらって出版した。すでに外国人の「経済原論」の翻訳は、スミス、ミル、リストなどいくつか出ていたが、天野の著書は日本人が書いた最初の「経済原論」という意味で、世間から歓迎され、ベストセラーになった。このために冨山房は相当の利益をあげ、この一冊の出版で、順調に発展する基礎を築くことができたのである。冨山房は、その後いろいろな企画をしたが、早稲田の高田・天野・市島は小野梓の「東洋館の再生」として支持・後援した。また坂本も小野梓との関係ということで早稲田の人々を大事にしたが、他の方面の著者を迎えることもした。とくに東大の国語国文学の教授の芳賀矢一、西洋史の文学博士箕作元八などをつかまえることができて、良書・善本を続々と出した。さらに教科書類の出版も企てて、これも成功した。冨山房の事業は明治二十年代・三十年代と進むにつれ固まってきたが、やがて吉田東伍の『大日本地名辞書』七巻（明治三十三年—三十四年）をはじめ、各種の辞書の編纂・出版をやって発展した。

天野為之は明治三十年代になって東洋経済新報社の社長になった。明治二十八年に町田忠治などが創刊した『東洋経済新報』という週刊の経済雑誌があった。イギリスの『エコノミスト』などを模したものであったが、町田忠治の後をついで天野は二代目の社長になり、明治の終わりまで東洋経済の社長として、毎号『東洋経済』に執筆をし続けた。早稲田出身の三浦銕太郎・石橋湛山などが続々入社して基礎が固まった。大正時代になり、早稲田大学の経営について、天野と高田・坪内・市島とが意見を異にし、早大騒動が起こった。大隈伯は高田を積極的に擁護したから、天野は苦境に立って早稲田大学をやめることになった。天野はかねて実業教育の重要性をさけび、それを実地に行なうために、早稲田実業学校を早稲田学園の中につくっていたが、大学をやめた後も晩年まで早稲田実業学校の発展・育成に尽力した（浅川栄次郎・西田長寿『天野為之』昭和二十五年）。

早稲田大学に対して明治政府は、野に下った大隈伯の拠って立とうとするところである敵国であると考え、官立大学の教授あるいは公務員・裁判官などが早稲田大学へ講義にいくことを禁止してみたり、あるいは地方から県の奨学金をもらった学生が早稲田大学へ入学を希望していこうとするのに対して、官立の東京大学へいくべきだといって東大へ送り込むようにした。また早稲田には、ある期間大隈家が年々維持費の補助をしていた。これは大隈家の金でなくて、旧藩主の鍋島家が出していたが、宮内省を使って鍋島家を圧迫し、早稲田の兵糧を断つことまでしたといわれているが、関係者や全国の卒業生の力に支えられて早稲田大学は徐々に発展をしていったのである。

明治十年代の神田においては、はじめ本屋は淡路町・小川町に出現した。しかし十年代が進むにつれ、有斐閣・開進堂・三省堂・冨山房など、新興の本屋の表神保町に店を開くものが続いた。有名な貸本屋「いろは」もこの付近に店を開き、学術書を備え、主として学生相手に商売を始めた(田山花袋『東京の三十年』大正六年。沓掛伊左吉『明治の貸本屋』「こつうまめほん」九、昭和四十六年)。こうして神田の本屋街は漸次、表神保町に中心が移動する勢いが見られるようになってきた。明治十年代に神田に出現した本屋を見ると、江戸以来の古い本屋は顔を出さないが、もと士族であった人々の創業が目立っている。有斐閣の江草は忍藩の下級武士、三省堂の亀井忠一は旗本で、維新後に一時、静岡に赴いた。間もなく、東京にかえり、下駄屋をしていたが、明治十四年に四ッ谷から神保町に移ってはじめて本屋となった。その時沼津出身の加藤鎮吉の開進堂がすでに三省堂の前に大きな店を開いて、数学・物理学の教科書の出版で名をなしており、亀井は加藤に引き立てられて神保町に店をもったのである。東洋館の小野梓も土佐宿毛の出身の士族だったことはすでに述べた。

明治十年代の東京の社会情勢を見ると、条約改正・国会開設・憲法発布という大きな目標をかかげて政治運動が盛んとなってきた。その条約改正・憲法発布をするには、法律の制定が必要である。また政府は立法作業に力を入れなければならない。当然、法律の研究や論議が活発になった。そこで法律学校をつくり、そして代言人という職業が始まって法律学校への志願者が増加してきた。

　そうした需要に応じて新たな私立学校が続々設立されるのである。その私立学校が多くは神田に設けられたり、集まってきた。神田に大きな侍屋敷がまだ残っていてこれを利用することができるという事情が主な原因と思われる。銀座や他所で設立された学校も間もなく神田へ移ってくる。もっともスタートは神田だったが、神田から九段上に上がった法政大学のような学校もある。ともかく十年代の後半には、フランス系統の法律を教える学校と、英米法的な法律を教える学校ができた。この二つの法体系が、明治二十年代になり、日本の法体系をいずれにすべきかということで大いに争ったことは周知のことである。ドイツ法的教育というものに独乙協会学校があったが、ドイツ法の研究・教育は東京大学が中心になった。東京大学法科大学の教員は、はじめはイギリス、フランスなどに留学するものが多かったが、次第にドイツへ赴く人が増加し、それらの人々が帰国後、教授になってドイツ法的な考え方にもとづいて講義する。そして立法作業も、だんだんドイツ法的な考え方に支配されてきたのである。

　この間に神田においては、学校が続々生まれたほか、維新後、公卿・大名・政府高官で新たにここに移り住むものが増加してきた。神田孝平・曾我祐準・原田一道などが駿河台やその周辺に新たに居を構えた。大隈伯は雉子橋畔(飯田町)に壮大な邸宅を新築して移ってきた。

　さらに駿河台の東側面に、土佐出身の政府高官の一人が家を構えた。それは後藤象二郎で、彼は坂本竜馬の死後、土佐を代表して維新政府で参議として重きをなしていた(大町桂月編『伯爵後藤象二郎』大正二年)。彼は明治四年に駿河台東紅梅町、いまの聖橋のあたりから淡路町に下る坂に沿ったところ、もと数軒の小さい旗本の屋敷のあったところを手に入れて新たに洋館をつくったのである。駿河台に聳える洋館建築は世人の注目を引き、錦絵にもなったほどである。さらにこの後藤を頼って、土佐出身の新興商人岩崎弥太郎が大阪から東京へ家族をつれて移ってきた。岩崎は、はじめ本郷湯島に小さな家を手に入れて住んでいた。後藤象二郎の娘がアメリカに留学していた弥太郎の弟弥之助と婚約し、帰国後結婚した。後藤はこの娘に結婚に際して駿河台の屋敷の敷地の一部を与え、はじめそこに弥之助が住んでいたが、後に後藤は全屋敷を岩崎弥太郎に譲り自分は高輪に広大な屋敷をつくって移っていった(『岩崎弥之助伝』上、昭和四十六年)。駿河台の旧後藤邸に岩崎弥太郎は一時住み、さらに三菱本社の事務所もそこにおかれていたことがあった。間もなく弥太郎は本郷茅町に旧大名屋敷をもとめて移り、三菱本社は下町に移転し、駿河台は岩崎弥之助の本宅になり、弥之助・小弥太の二代が続いて震災まで住んでいた。その間この

東京駿河台の後藤象二郎の家(右手丘の上，手前は昌平橋．四代豊国の錦絵．『岩崎弥之助伝』より)

二人は時々神田の古書店を訪い、貴重な書籍の蒐集を行なった。現在静嘉堂文庫として知られているコレクションは、多くの学者や、神田の古書業者の協力を得て、この書物ずきの岩崎家の二人によって形成されていったのである(琳琅閣斎藤兼蔵『先代琳琅閣とその周囲』)。しかし静嘉堂文庫の価値は清朝四大蔵書家の一人陸心源のコレクションを手に入れることによって高められたのである。

次いで岩崎は三菱商業学校を開設し、神田錦町の侍屋敷を校舎とした。これは、三菱が必要とする社員養成を目的としたもので、豊川良平を主宰者とし、土佐出身の大石正己や馬場辰猪などが中心であった。

それから明治二十年代になり、三菱は政府から丸ノ内の一画と神田三崎町で広大な土地の払い下げを受けた。丸ノ内はもと大名屋敷跡が荒れたままで草のはえるに任せていた約九万坪、それから神田三崎町の土地は、もと講武所の練兵場跡の約二万坪である。政府はこれを処分して陸軍の新しい兵舎建設資金を調達しようとしたのである。三菱は丸ノ内の土地を近代的ビルディングのならぶビジネス・センターにしようという遠大な計画を立てた。三崎町の土地は区画整理をして一部貸地にしたほか、ここにアミューズメント・センターをつくろうと考えて劇場とかパノラマをつくらせた。おそらく、ここは近く甲武線が延長して飯田町停車場が開設されることが予想されていたのであろう。

三菱商業学校は、生徒が商業実務よりも自由民権に関心をもち始め、三菱の意図するような実業社員養成の目的は達成困難と見て数年後に閉鎖を決定したが、在学中の生徒の立場を考え、大石正己・馬場辰猪が経営を引き受けて法律学校として経営しようとしたが、それもうまくいかないで数年後に閉鎖し、東大出身者によるイギリス系法律学校となって生まれ変わった。これはその後発展して中央大学になるのであるが、それには三菱は関係をもたなかった。

結局、三菱は明治十年代のはじめ神田で、後藤象二郎の屋敷を弥太郎が譲り受けたことがきっかけになって、神田といろいろ関係ができ、とくに明治二十年前後の神田の発展にかかわりをもったり、神田の古書店を近づけ、集書を続けた。後年岩崎二家が有名な古書のコレクション、東洋文庫・静嘉堂文庫をそれぞれつくることができたのも、こうしたところから始まったものであろう。

二　明治後期（明治二十年―四十五年）

神田には明治十年代に、東京大学・学習院・外国語学校・高等商業学校のほか、明治大学・専修大学・法政大学（後に九段上に移転）の前身が現われ、その後、中央大学・日本大学などが生まれた。神田川をへだてて御茶ノ水には維新後間もなく東京高等師範が設立され、続いて女子高等師範・付属中学校・付属女学校が開設されたのである。付属小学校ははじめ神田一ッ橋通りに設置されていた。そのうち東大がまず本郷に、次いで学習院が他に移り、後に高等師範と付属中学校および小学校は明治三十五年に小石川大塚に移転し、女高師と付属女学校はなお残っていたが、それも震災後小石川茗荷谷に移転し、今日御茶ノ水には医科歯科大学が設けられている。

明治十七年以来、駿河台上に建築中のニコライ堂が明治二十四年に完成し、そこに神学校が付設され、さらにロシア語学校も設けられ、ロシア語・ロシア文学の研究に多年寄与することになった。明治二十四年には御茶ノ水橋ができて、神田と本郷との間の連絡が便利になった。これが駿河台の高級住宅地としての条件を向上させたことはいうまでもない。さらにその前後に甲武鉄道が新宿から飯田町まで延び、そこがターミナル駅となった。

こうして二十年代以降は神田では、交通の発達、各種学校の発展、学生の増加、駿河台を中心とする地域が学者・医者・華族・財界人の高級住宅街として発展し、書籍に対する需要の増加が目立ってきた。ただし、明治二十五年の神田の大火以後、錦町・神保町など低地にあった華族は急速に神田から移転したが、駿河台には上流階級の集中がその後も続いた。そのうちもっとも重要なのは西園寺公望侯の駿河台への移転である。明治維新後間もなく外遊したため、西園寺侯は他の公卿華族のように東京に居所をもたなかった。十年間のフランス留学から帰朝し、『東洋自由新聞』の創刊に関係したが、周囲の要請でやめ、創立間もない明治大学の教壇に立ってフランスの行政法の講義をしたり、その後も同大学に関係した。フランスがえりの光妙寺三郎がここの教壇に立ったのも、パリで親交を結んだ西園寺侯の推挽によるものであろう。後年築地小劇場の舞台に立って活躍した東屋三郎は光妙寺の遺子で、侯が面倒を見ていたときいた。侯はオーストリア公使を経て、帰朝後文部大臣になった時は、大森と大磯に屋敷をもった。明治三十二年、侯の実弟の住友吉左衛門が貴族院議員となり駿河台南甲賀町に住宅を構えたが、議員辞職で不用となったのを西園寺侯に提供し、ここがながく侯の東京本拠となった。間もなくこの邸の門長屋に国木田独歩が一時寄宿を許され、時に侯と会食したことがあった。独歩は侯の随筆を編纂したり、西園寺侯論を新聞・雑誌に発表している（「独歩全集」九巻）。駿河台に落ち着いた後、月明温暖の夜、書生帽をいただき、ステッキをもって神田の古書店街で書物を漁る侯の姿はしばしば人目にふれた。さらに明治四十年代、西園寺侯が首相の印綬を帯びた時、竹越三叉などの斡旋で、主要な文士を、ここに招いて会合を催した。雨声会がこれであるが、その時招きを受けた夏目漱石は「時鳥厠半ばに出かねたり」という俳句をもって欠席の辞としたことも有名である。雨声会は侯が首相辞任後も数回続けられた（寺田・松根・小宮『漱石俳句研究』大正十四年）。

元老となってからは、西園寺公（ヴェルサイユ平和条約締結の功により公爵となった）は、平時は興津（坐漁荘）・京都（清風荘）・御殿場にいたが、唯一の元老として、昭和の動乱の際は、しばしば上京して、駿河台の邸を舞台に、後継首相の決定に大きな役割を果たした。公の死後間もなく、ここは中央大学に譲られた。

駿河台のいま一つの顕著な住宅街は鈴木町で、この短い通りには、曾我祐準子、坊城子、原田豊吉東大教授、三浦新七商大教授、平田東助伯、加藤高明男など、学者・華族・政治家のほか、有名な薩摩治兵衛の大きな屋敷があって高級住宅街であった。この町に病院や学校が現われるのは震災後のことである（有島生馬『思ひ出の我』昭和五十年）。

明治二十年代の終わり、ドイツから東大に招かれて日本にきたラファエル・フォン・ケーベル博士は、鈴木町の原田一道男の持家に住んだ。ケーベル博士は数年間、小石川指ヶ谷町に移っていたことがあるが、再びここにもどってきて、東大をやめる大正三年の夏まで住んでいた。博士は、日本の大学教授とは異なり、外国の大学教授に見られるように、しばしば自宅に同僚・学生を招いて、会食・会談した。また学生を順次自宅に寄宿させることもした。京大教授となった深田康算の後には哲学者の久保勉《まさる》がここにながく起居をした。このケーベル博士邸に出入りした東大生のうちから大正時代、岩波書店に集まり、「哲学叢書」を出した若い哲学者たちが育った。いわゆる岩波文化を築いた人々であり、ここがその育ての場所だったのである。鈴木町におけるケーベル博士邸の模様、あるいは当時の鈴木町の街の様子が日露戦争後の富の蓄積の威力を示す門構えに変えられていることが、わずか一夕、博士邸に招かれた夏目漱石のするどい目を透して永遠に伝えられている(「ケーベル先生」『漱石全集』八巻)。時の首相の駿河台南甲賀町の自邸での華やかな招待を断わった漱石が、静かな老学者の駿河台鈴木町の邸への招きに応じたのに、深い興味をわれわれは覚える。また音楽学校のピアノの教授を兼務していたケーベル博士の自邸での毎日夕食前後の練習模様や、同じ原田家の別の借家に住んでいたバイオリンのユンケル音楽学校教授との合奏練習がケーベル博士邸で行なわれるのを、音楽学校の生徒たちが暮夜門前に立ってきき入った様子は、博士の愛弟子橘糸重女史によって「思ひ出」として伝えられている(『思想』二十三号〔ケーベル先生追悼号〕、大正十二年八月)。鈴木町の曾我、坊城子爵邸跡は今日芸術大学の分校となっており、ケーベル博士邸跡は日仏会館となっているが、ここは明治中期から、文化・芸術ゆかりの場所であり、大正文化・岩波文化の源泉だったといえる。そして大正・昭和の動揺する政治の中心であった南甲賀町の西園寺邸とは、まことに興味ある対照をなしている。

ところが、この二つの屋敷にゆかりの人々は不思議な因縁によって結ばれている。西園寺邸

有島生馬「ケーベル博士像」(1912年)

と路をへだてたところに日清戦争の際、軍需品の輸入等で巨富を得た貿易商高田慎蔵が大きな屋敷を構えて住んでいたが、彼は、上京した時最初に働いた外国系商社の外人社長の娘照子を養女にしていた。この混血の美貌の人が原田一道男爵の長男豊吉に嫁し、一男一女を生んだが早く未亡人となった。豊吉一家はケーベル博士邸の近くに住んで家主としてケーベル博士とは親密な交際をし、長女信子はケーベル博士邸に出入りし、特別にピアノを習い、後に有島生馬に嫁したのであった。生馬によってケーベル博士の書斎における肖像、横浜のロシア総領事館における終焉の際のデスマスクなどが描かれている。「ケーベル博士像」は日本に残された先生唯一の肖像画であるが、肖像画家として一家をなした生馬の日本におけるスタートともいうべき記念すべきものであった。豊吉の長男の熊雄は京大卒業後、日本銀行員・加藤高明首相秘書官を務めた後、西園寺公の秘書となり、昭和の動乱の渦中において、西園寺公のためにひろく政財界の情報を集めたり、宮中・政府・政界と公との連絡係を務めた。したがって政界の最高機密に通じていたが、その間の見聞を記録して『西園寺公と政局』(全九巻)として後世に残した。しかも、原田の口述速記の文章を第二次大戦中校閲したのが生馬の実弟里見弴であった。里見と原田熊雄は学習院の同級の友人であった。

ひろく東京の出版界を見ると、明治二十年代になって重要な発展がいくつか起こってきた。それは神田書肆街に当然、直接・間接に関係をもった。

第一に明治二十年に東京書籍商組合が組織された。これは明治十七年に公布された同業組合準則にのっとって組織されたもので、その後の出版・販売業の発展に重要な意義をもつものであるが、当初は組合員共通の利益のために共同行為をするのが目的で、組合自体が営業することはできなかった。それで組合員のうちの有志の発起というかたちで大市が行なわれるようになった。この仕事は後(明治三十五年)に組合規則を改正して、正式に組合の業務として行なわれるようになり、組合が新古書籍の取引に重要な役割を果たすようになった。

この組合ができた明治二十年当時の組合員数は百三十一名であったが、その地理的分布は次表の通りであった。

東京書籍出版営業者組合

麹町	4
神田	15
日本橋	56
京橋	28
芝	13
麻布	1
小石川	1
本郷	7
下谷	4
浅草	2
総数	131

この表によれば組合員の分布は日本橋(四三%)、京橋(二一%)にもっとも多く、神田はようやく芝を抜いて、十五名(一一%)で第三位である。明治維新後、明治十年前後までは、まだ書籍商らしいものが、一軒か二軒しか出現していなかった神田に、その後の十年間に相当増加

(『神田書籍商同志会史』より)

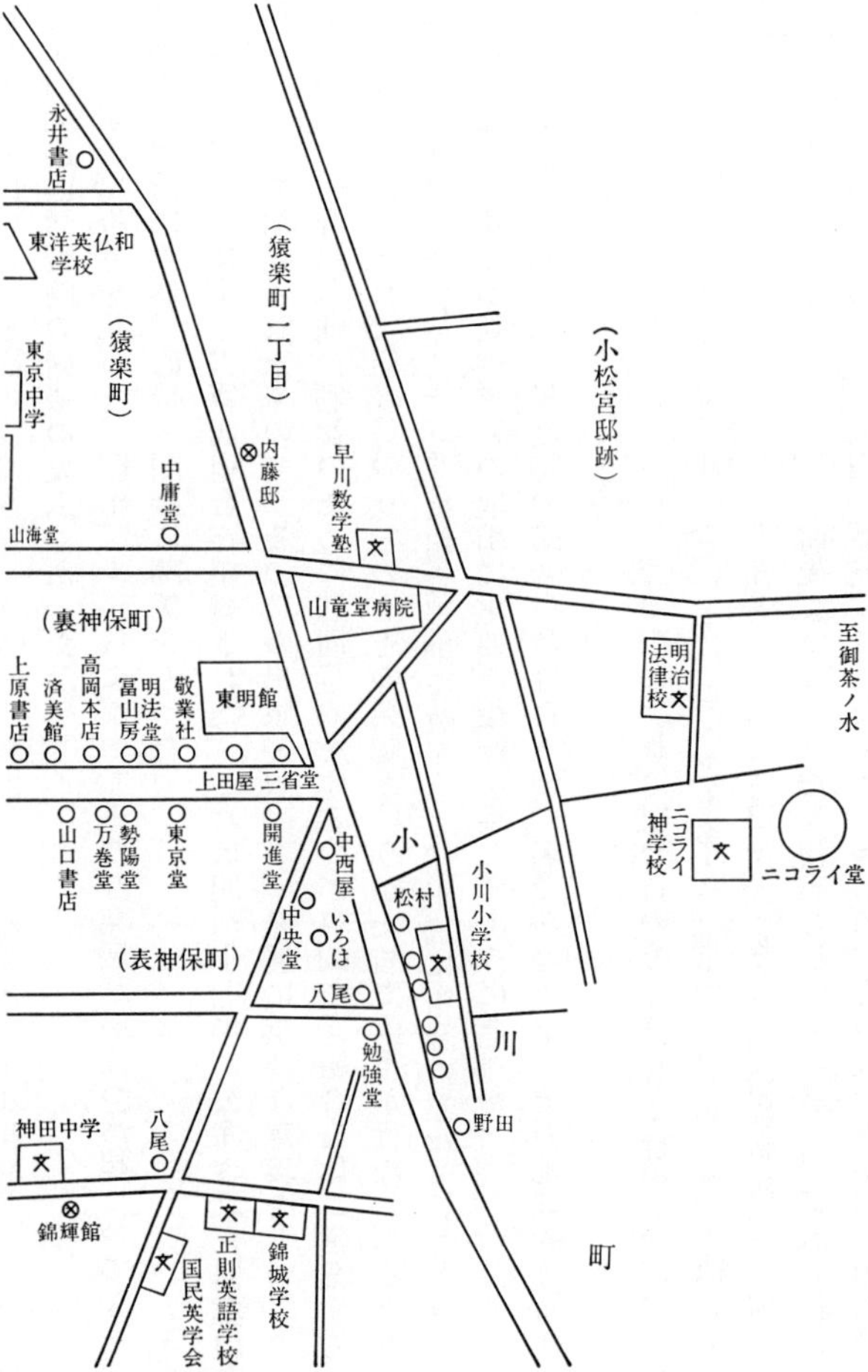

永井書店
東洋英仏和学校
(猿楽町)
東京中学
(猿楽町一丁目)
(小松宮邸跡)
内藤邸
中庸堂
早川数学塾
山海堂
山竜堂病院
(裏神保町)
上原書店
済美館
高岡本店
冨山房
明法堂
敬業社
東明館
上田屋
三省堂
明治法律校
至御茶ノ水
山口書店
万巻堂
勢陽堂
東京堂
開進堂
中西屋
小
ニコライ神学校
ニコライ堂
松村
小川小学校
中央堂
いろは
(表神保町)
八尾
川
勉強堂
野田
神田中学
八尾
錦輝館
正則英語学校
錦城学校
国民英学会
町

神田の古書店 明治36-37年頃

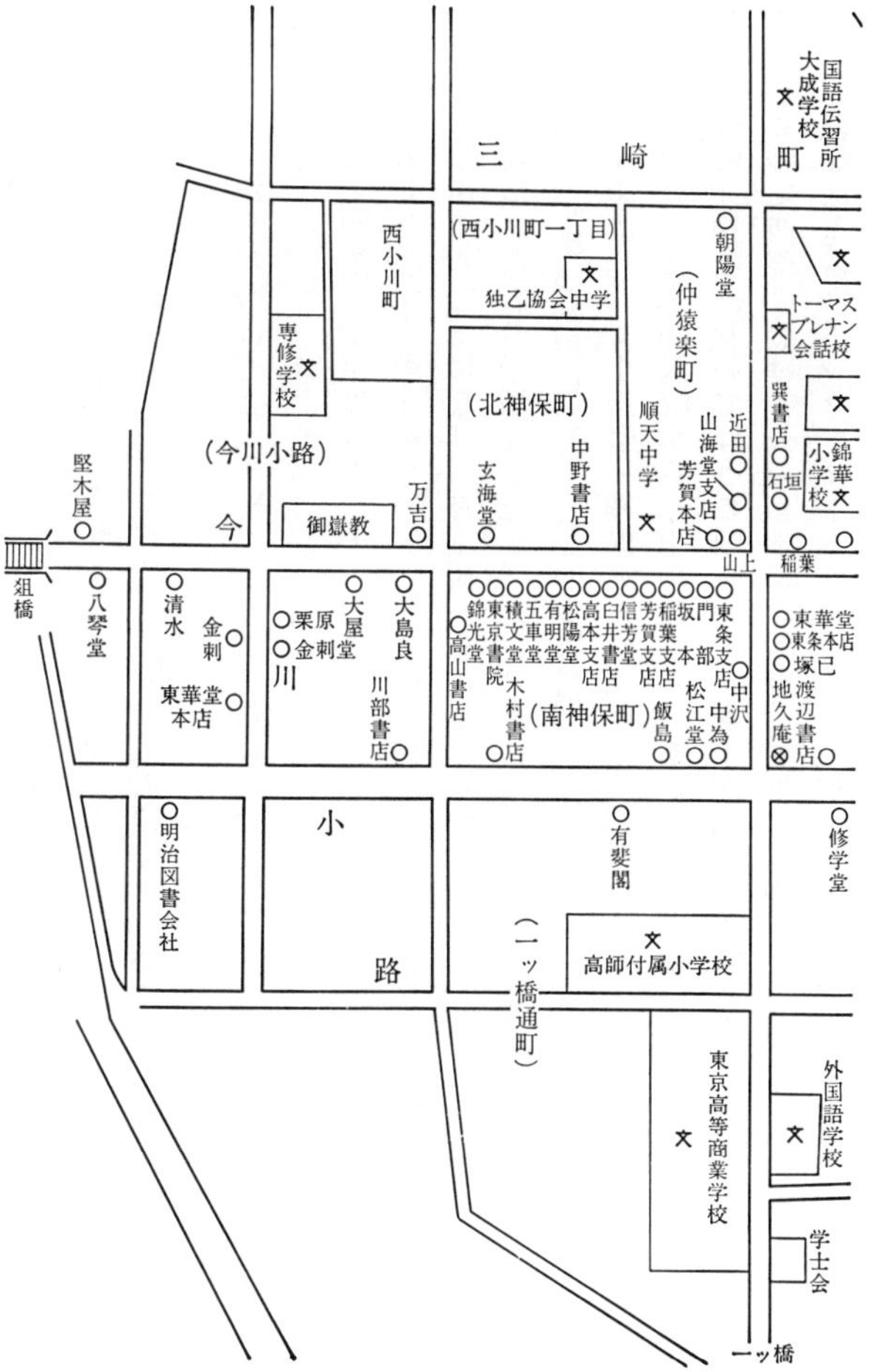

したことが判明する。東京大学は明治十八年に本郷に移転したが、二十年には本屋は本郷にはまだ七軒で、それも湯島に多かったことがしめされている。

東京書籍商組合員

日本橋	85
京　橋	77
神　田	104
本　郷	30
芝	9
麹　町	9
麻　布	8
浅　草	28
下　谷	9
小石川	7
赤　坂	3
牛　込	9
本　所	3
四ッ谷	2
深　川	1
総　数	384

ところが、明治三十九年九月末の組合の統計を見ると、組合員数は三百八十四名とほぼ三倍になっているが、その地理的分布は上表の通りに変化している。

これによれば、明治二十年以後の二十年間に東京における書籍商の増加・分布は、一方では東京市内にひろく分散する傾向をしめすとともに、他方、神田の書店が急激に増加し、神田に三〇%近くが集中することになり、日本橋・京橋をはるかに抜いた。日本橋・京橋は明治二十年以後も組合員数はなお若干増加したが、比率はそれぞれ二〇%前後に低下してしまった。

明治三十六、七年頃の神田における書店の配置図（『神田書籍商同志会史』昭和十二年）を見ると、二十年前後の状態に比べて小川町・神保町にわたり全面的にひろがってきているが、小川町から表神保町へ、さらに南神保町から今川小路へとひろがって、西漸の傾向が現われていることがうかがわれる。神田においてはこの頃まで、まだ市街軌道の敷設はなかったので、この傾向は、主として神田西部における公・私学校の開設、学生の増加によるものであろう。九段から須田町・万世橋に至るメーンストリートはだいたい俎橋から南神保町・表神保町・小川町であって、九段下からの乗合馬車もこの道筋を走っており、書店もこの通りに沿って店を開いたものであろう。裏神保町通りには一軒も書店がなかったが、その後の状態と大きな差異である。裏神保町が表通りとなり、表神保町と名称が変わるのは大正期になってからのことである。

個々の書店名を見ると、巌松堂・一誠堂・村口書房・北沢書店・岩波書店・進省堂などの名はまだ現われていず、これらが神田に登場するのは日露戦争から大正はじめにかけてである。明治八年創業という高山書店の名は、この時すでに見られるが、表通りでなく、横町の小さな店であった。今川小路には清水書店はすでに存在しており、西端は、俎橋際に堅木屋《かたきや》書店があった。元来堅木屋は、江戸時代から九段中坂で絵草紙を売っていた。明治維新後、時代の変化で商売が衰微し、玩具などを取り扱っていたが、西南戦争の不景気でまったく行き詰まった。それを打開するため九段から下りて俎橋のそばに小さい書店を開いたが、主人が死に、後に主婦と娘二人が残された。勝気な次女内藤よしが一人で店を守り、養子をもらったが、間もなく死に、未亡人となった内藤よしが女手で古本商売を続けた。時代の推移を見るに敏なよしは、洋書の需要の増加するのを察して英語を自習し、洋書の古本の取引を始めた。洋書古本屋の先駆者であり業界では洋書通として知られていた。この頃小川町に、野田園五郎という、業界で古くから知られた洋書専門の競取りがいた。松村書店の初代音松はこの人に仕込まれて独立し小川町に店をもったというが、同店がまったく洋書専門になるのは二代目龍一になってからのことである。洋書専門の競取り野田については、いろいろの伝説があるが、正確な伝記もなく前歴もわからない。多年狩野亨吉《こうきち》の家に出入りし家族同様に待遇され、狩野の指導を受けつつ、もっぱらそのコレクションをつくるのを助けた。狩野の蔵書の大部分(約十万冊)は早く東北大学に納められたが、明治時代につくられた最大のコレクションであったろう(青江舜二郎『狩野亨吉の生涯』昭和四十九年)。

明治の終わり堅木屋に一人の小僧が入った。これが、後年の原書店の原広で、その頃堅木屋には女主人と番頭がおり、洋書・和書は相半ばしていたという。原は店の商売の関係上、夜学に通って外国語を勉強した。この頃堅木屋には、地理的関係から高等商業学校の先生たちの出入りが多かった。原は三浦新七教授や金子鷹之助教授の名を記憶していてあげた。洋古書漁りで知られている大塚金之助先生や高垣寅次郎先生に堅木屋のことを尋ねたが記憶にないといわれた。高垣先生は原広は知っているといったが、それは彼が堅木屋をやめて独立して学校回りをしていた時代からのようである。原は震災直前に独立し、店をもつまで、しばらく競取りをしたり、学校に洋書を納めたりしていた。震災後には松村書店は商大の左右田喜一郎先生の麴町の邸宅に多くの注文書をとどけたといっている。

明治二十年代になって東京の出版界には『国民之友』をもって東京に現われ民友社を始めた徳富蘇峰ほか、いろいろな人物が新たに登場してきたが、出版・販売にわたり大変革をもたらす重要な人物がいた。それは大橋佐平である(坪谷善四郎『大橋佐平翁伝』昭和七年。『博文館五十年史』昭和十二年)。町人出身の彼は明治維新後、郷里長岡でいろいろの新事業をあとからあとから始め、そのうちに『越佐新聞』の発行のほか出版業(大橋書店)、書籍販売を始めたり、旺盛な企業心の持ち主であった。彼は明治十九年郷里の事業を長男の新太郎に任せて上京した。この時彼はすでに中年であった。狭い長岡よりも、ひろい東京においてその驥足をのばそうとしたことが意図であったろうが、維新に際し、天下の大勢をいち早く見透して、恭順を主張し、河井継之助に率いられ徹底抗戦しようとする藩の方針にしたがわなかったこと、維新後新政府にそれがみとめられ、ただちに起用されて新潟県庁にしばらく勤めたことなどから、郷里の人々ことに士族と融和できなかったことも一因であったろう。

彼は明治二十年、雑誌『日本大家論集』の創刊をもって博文館を始めた。これは、すでに発表されて評判の良い論文を集めて編集した雑誌であったが、創刊号は大いに売れた。彼は明治二十年には本郷から日本橋区本石町に移転し、長岡に残してきた長男新太郎を呼び寄せ、二人で協力して博文館の発展を図ることにした。まず博文館は種々の雑誌を企画して、二年経たぬうちに十種類を創刊し、それがみな相当売れ、雑誌発行に大きな変革を惹き起こした。次に日本の古典を編集して、叢書として出版することを始めた。今日、出版業者が明治文学全集とか世界文学全集とか、すでに定評のある出版物を編集して全集として出すがごとくに、博文館は徳川時代の日本文学を集めて「帝国文庫」という名前で、最初五十冊出し、それが当たったので、さらに五十冊を追加し、合計百冊を出した。明治維新以来、はじめての大出版企画であった。徳川時代に出て知られている小説・脚本・浄瑠璃等を集めて編集して活版本で出したのだが、古典復興の気運と相まってよく売れた。これらに対しては多く版権は不要で、原本は貸本屋などの所蔵していたものを利用したという説も伝えられている。それからさらに古来の短歌・俳句その他の全集の企画も立てた。博文館の事業は、各種の雑誌をあとからあとから創刊したことと、出版では単行本の出版よりも、以上述べたようなシリーズの大出版に力を入れたことが特徴であったといえる。シリーズの出版は、うまく読者をつかめば、それは、一冊の単行本出版と違って一年、二年あるいはそれ以上持続する仕事である。さらに、シリーズ全体を一度に広告するので、大広告をしても一冊あたりにすれば、コストは安くなる。これも大きなメリットである。書物の広告・宣伝の上に新機軸を出したのである。

次に大橋父子は書物の売り方に新しい考案を採用した。当時は交通・輸送も発達しておらず、東京の書物を地方に売ったり、地方の人が東京で出版された書物を入手するのは困難であった。そこで博文館は自社の特約店を全国に設けて、地方の良い本屋に博文館の発行する本を直接送って売ってもらう契約を結んだ。こうして博文館は独自の全国的な雑誌・書籍販売網をつくり上げて、ひろい読者層をつかんで、大量生産・大量販売をはじめて可能としたのである。

日本の本屋には徳川時代から明治二十年代に至るまで、販路の拡大を考えても、具体的に全国的な販売網をつくろうと試みた人はなかった。徳川時代の書物は、江戸で出る本はもっぱら江戸で売る。そして大阪でその本が売れそうだと見ると、大阪の本屋が著者と江戸の出版元と交渉して版権をとって大阪で新たに出版する。京都は京都でまた別に交渉して出版するということが慣行であった。許可なしの類版・重版は、幕府と三都の本屋仲間で厳重に取り締まって、著者・出版元の保護をした。要するに、書物を出版された土地から遠くへ送り、全国的に流布させることは、交通・輸送機関の発達していない当時は困難だった。本は非常に狭い地域でしか流通しなかったのである。明治になってもしばらくは、その事情に変わりなかった。明治初年のベストセラー、福沢諭吉の書物は、しばしば大阪・京都で不法出版が現われた。福沢はその取り締まりに力を尽くす一方、自らの出版物を大阪・京都方面に送るのにいろいろ苦心し、幕府の軍艦が江戸から大阪に向かう時、懇意な乗組士官に頼んで百冊単位で託送したことが伝えられている。その後郵便制度の発達、交通・通運の発達もあって、書物は全国を一つのマーケットとして販売できるということにはじめて気がついた。また活字印刷の出現で大量印刷・大量出版も可能になってきた。さらに小学校教育の普及により、全国的に読書力が向上し、需要は漸次全国的にひろがってきた。こうした諸条件の整備を見て取って、博文館は全国的な販売網をつくることに着手したのである。かくて自社の販売網を全国的にひろげ、自社の出版物に全国的な販路を確保したことが、博文館の出版業の成功した第二の原因であったろう。この販売網の結成との関連において、博文館は新しく発展しつつある神田の書肆街に着目し、これに対し、さらに新しい企画を立てた。

それは、東京堂の設立である。神田表神保町の通りの冨山房や取次店の上田屋(明治二十年開店)の反対側に小売商東京堂を開いたのは大橋佐平の夫人の実弟高橋新一郎であったが、その後を大橋佐平の弟の省吾が引き受け、明治二十四年から、小売のほか取次を併せ行なうことになった。東京堂は、後には出版も行なったが、あくまで取次・卸売すなわち流通部門に重点をおいた。業務が増加するにつれ、この店は通りに面した表側では小売だけやって、取次・卸売の仕事は背後でやることにし、後にはそれを別の場所に移した。東京堂は、博文館と姉妹会社だから、博文館独自の全国的な流通網を利用して、他の出版社の出版物も、東京堂を通じるならば、博文館のルートに乗せて全国に販売することも可能であるといって、他社の出版本の流通権を獲得して、東京堂の営業量を伸ばし、手数料・口銭収入を増加することができた。東京堂には経営者として、博文館の元方支配人の大野金太郎の長男の大野孫平が起用され、雑誌時代や円本時代の到来をいち早く見透した大野孫平によって、業績を伸ばしていった。

さらに出版業者としての博文館の経営方針の特徴として指摘しなければならないのは、良い著者をつかまえて、良いものを書いてもらったことである。流通網も、豊富な資金も、良い本があってからのことだ。まず良い本を書く秀れた著者を見出し、それをとらえて育てることに努力した。硯友社に属し少年向けの作品を書いていた巌谷小波を京都から連れてきた。彼はお伽噺に新しい生命を与え、少年文学を確立した。彼に『少年世界』の編集を任せた。それから日本ではじめての総合雑誌である『太陽』には、東大を出た俊才のほまれの高かった高山樗牛に評論を書かせ、『太陽』は大いに売れ行きを伸ばした。高山樗牛は東大に残って学者となった姉崎嘲風の親友であった。留学して海外にいる姉崎嘲風と、日本にいて興津の海岸で療養中の樗牛の間の手紙の交換というかたちで、文明批評を『太陽』に載せた。高山樗牛の有名な「文は人なり」とか「吾人はすべからく現代を超越せざるべからず」という言葉は明治・大正の青年にいつまでももてはやされたものであった。そのほかに博文館は、小説関係では、春陽堂の『新小説』に対抗して『文芸倶楽部』を出し、尾崎紅葉や紅葉一派の硯友社の文士に執筆をもとめた。尾崎紅葉は明治二十年から三十年代にかけ、ちょうど博文館の発展時代にもっとも人気のあった作家で、『読売新聞』に『金色夜叉』を載せて、ベストセラーになったが、途中で倒れて、これは未完成となった。博文館はまた硯友社のメンバーであった作家の田山花袋を社員にし、後に彼を主筆として『文章世界』を創刊した。花袋は『蒲団』の一作で俄然人気を得て、明治末期における自然主義運動のパイオニアとなったのである。こうして、明治二十年代から明治末期まで博文館は、完全に日本の出版界ことに雑誌界を支配したということがいえるのである。博文館の手をつけなかったのは経済雑誌ぐらいのものであった。

こうした博文館の発展に対し、明治三十年代には『実業之日本』を発行して成功した増田義一の実業之日本社が、新たに『婦人世界』『日本少年』などを発行して、ある程度の地位を確立した。さらに冨山房は、大町桂月・西村真次の二人を中心として、『学生』という新しい学生雑誌を出し、いろいろ新企画の特別号をもって売り出したが、ながく続かなかった。

博文館を先頭とする雑誌出版の勃興期に野間清治という東大法科大学の一事務員が、大学弁論部の学生を擁して大日本雄弁会という名の出版社を創設し、『雄弁』という雑誌を出し始めた。同社は後に『講談倶楽部』を出し大日本雄弁会講談社に、そして今日の講談社に社名を変えたのであるが、思えば明治四十年代は「文章」から「弁論」への転換期の始まりであったのであろう。東大・早大などから雄弁家が輩出した。東京帝国大学にいて、この動きを見ていた野間は、まず雄弁に、次は講談へと、口舌の雄を集め、文学・文士を顧みることはしなかった。講談社が文学部門に手をつけたのは、創業者の野間が死んで第二次大戦後になってからであり、さらに社会科学部門の出版に手を伸ばすのには、戦後二十五年の年月が経った後であった。要するに明治時代は博文館が、完全に東京の出版界したがって日本の出版界の半ばを独占する状態であった。その博文館の分身として神田に生まれた東京堂は、取次店として、有力出版社の博文館の発行物だけでなく、他社の出版物とくに雑誌の流通を押え、神田が各種出版物の流通の中心となる一要素となった。出版物で発展し成功した博文館は、さらに、その得た収益で印刷所をもった。その工場は小石川の台地と大塚の台地との中間の低地、久堅町に建てられていた。この地域はいわゆる「太陽のない街」で、それをタイトルにした徳永直の小説が書かれて世界的に有名になった。それはこの印刷工場で起こったストライキを書いたものであった。印刷業のほか、博文館はまた紙の販売にも進出した。ここらあたりまでは、ともかく出版と関連をもった仕事であったが、佐平の後をついで、博文館の全盛時代をもたらした大橋新太郎は、大正から昭和初期にかけ、できたばかりの工業倶楽部を中心としていわゆる財界活動を始め、ついに三十社以上の株式会社に非常勤重役として名を列し、各社の重役会に次々に忙しく出席して回り、本業は坪谷善四郎その他の人々に任せ切りになった。彼は博文館の経営を顧みる時間がなく、やがて出版に対する興味を失ってしまったのもやむをえなかったろう。

明治中頃から明治の終わりまでは博文館の全盛時代であり、そこに博文館文化というものができ、それが明治時代を代表する文化となったといえるのである。この大橋父子の成功が、とくにその出身の越後に与えた影響の大きかったことを、われわれは痛感するのである。明治期の東京のブックマン（出版社・取次店・新本屋あるいは古本屋）の系譜を見ると、越後出身の人々が実に多く、彼らによって東京の出版・流通が運営され支えられてきたといっても間違いでないのである。そしてその基礎となったのは、何といっても博文館と東京堂であり、大橋一族であったことは否定できない。この存在あるいは影響は、いかに特筆してもしすぎることはないであろう。むろんこの二社や大橋一族に直接関係のない業者もあるが、間接に関係あるものはむろんのこと、そうした関係のまったくないものでも、同郷の博文館の成功に刺激され、それによって同じ途にとび込んだと考えられるものが少なくないのである。これに関連して、出版業者としての博文館よりも、流通業者としての東京堂の存在が、その後の書籍の流通界に大きな影響をもったことを特筆したい。東京堂は、その多数の従業員のうちから、取次店・小売店・古本屋の幾多の秀れた経営者を生んだ。そして彼らは多く、越後長岡やその周辺出身であった。その中でもとくに重要なのは酒井宇吉という長岡出身のもので、彼の兄弟は、はじめは東京堂に勤めていたが、明治末期に東京堂をやめて郷里にかえり本屋を始めた。しかしすぐ東京に出てきて神田で本屋を開き、一、二年の後、清算して各〻独立した。

酒井宇吉の店は神保町の裏通り猿楽町側にあったが、大正二年二月の火災に遭い、一時本郷に移ったがすぐ神田にもどり、神保町側に店をもった。宇吉の店は一誠堂といったが、事業の発展に伴い従業員をふやした。多く長岡その他、越後から人を集めた。彼らは住み込み店員として働いている間に古本屋経営を学び、順次独立して本屋を始めた。店を出したらまたそこへ越後の人々がきて、そこで五年なり十年なり働いて独立をするというふうで、大正以後、神田の古本屋街を見ると一誠堂出身の越後人が多くなってきた。しかも神保町の表通り、一誠堂の周辺に軒をならべて競争しているのである。むろん長岡人や越後人の本屋への進出には博文館や東京堂という企業の巨大な成功が強い刺激としてあったに相違ない。しかし、一誠堂の場合、それは主人酒井宇吉夫妻の人柄、従業員育成に対する熱情によるところが大きかったことを見逃してはならない。東京では本屋においても明治の終わりから大正になると、職住分離が見られるようになったが、一誠堂は職住分離を採用せず、宇吉夫妻は、神保町の店内に頑張り、ながく従業員と寝食をともにした。主人が仕入れのため全国を歩き回っている時、夫人は家と店とを守り、従業員に親しまれた。

明治から大正にかけての東京の出版界を見ると、博文館以外にもいろいろな出版社が現われ、浮沈はあるが、そのうちでは越後出身が目立ち、その人々の事業がわりあい成功し、それぞれ専門とするところで有力業者となっているのが多い。

まずもっとも顕著な例は、すでにあげた実業之日本社で、これを大きくしたのは増田義一である。彼も越後出身で東京へ出てきて、早稲田を卒業して『読売新聞』の記者をし、経済記事を書いていた。当時の友人の経営していた経済雑誌『実業之日本』にも寄稿していたが、その経営が行き詰まったのを引き受け、雑誌を主とする出版にまず成功し、次に単行本の出版も始めた。

『実業之日本』は、一高校長・東大教授として令名のあった学者新渡戸稲造を定期寄稿家に迎えて、雑誌の名声を高めることに成功した。それから『婦人世界』『日本少年』を出し、続いて成功した。後に、増田自身は政界に進出し、大隈侯が組閣した後はこれを助けたが、間もなく政界を去って本業に専念することになった。

雑誌で成功した越後の人としては、さらにダイヤモンド社の石山賢吉がいる。石山は『ダイヤモンド』の創業者であるが、慶応の実業学校を出ただけで、深い学歴はなかった。自ら学習して、独自の性格をもつ経済雑誌をつくり上げ、天野為之・三浦銕太郎・石橋湛山・高橋亀吉などを擁し、明治・大正・昭和にわたり、日本の財政・経済に対し指導的立場に立っていた『東洋経済新報』に対抗するに至った。石山は会社・企業の内容の批判、ことに貸借対照表の分析、経営者の経営政策の検討など、従来日本の経済雑誌記者の手をつけることのできなかった新しい方面に手をつけて、『ダイヤモンド』は信用される投資雑誌となることができた。そして第一次大戦の好況によって、売り上げを伸ばし基礎を固めた。

神田神保町には、取次屋としては東京堂よりも先に開業していた上田屋があるが、それは明治二十年に越後出身の長井庄吉の開いたものである。彼は兄弟で東京に出てきて、一人は日本橋本石町に本屋を開き、庄吉は神田で開業し、最初は新聞の、後には雑誌の取次を主として行なった。雑誌の取次店としては、長井は先駆者の一人で、東京堂より早かったのである。上田屋は雑誌に続いて単行本の取次を始め、時には出版にも手を出したが、手堅い経営で知られ、五大取次の一つとして昭和初期まで経営を続け、至誠堂の整理に際し、雑誌部門を大東館に譲ってその経営を見たり、大正十四年から小石川白山上にあった小売店南天堂書房を経営するなどした。南天堂は、それまでは白山上の電車通りに面した床店の本屋であった。新築後は二階に喫茶室を設けたが、そこには詩人・無政府主義者が集まってにぎやかだった。戦時の整備統合で、上田屋は取次事業を日本出版配給(日配)に提供し、そのまま業界から消えた。

この上田屋に明治二十五年頃越後から出てきて店員となったのが若い小酒井五一郎である。後年、島崎藤村が書き下ろしの小説『破戒』を私費出版しようとした時(明治三十九年)、上田屋が、その一手発売を引き受け、出版事情に通じない藤村を助け、印刷所・活版所・製本所を紹介して、立派な書物をつくって大いに売り、藤村の文名を高くしたものである。その時、藤村を手伝い、印刷・製本のできた『破戒』の初版を藤村と二人で京橋、数寄屋橋畔の秀英舎から神保町の上田屋まで車に積んで運んだのが、この小酒井であった。処女長編小説をもって新しい天地を開こうとしていた藤村は、同時にこの機会に、作者と出版社との昔からの不合理な関係を打開して対等・合理的なものにしようと考え、その方法として自家出版を考えた。しかしそれには、出版費用の用意が必要である。日露戦争中、危険を冒して藤村は函館に渡り、妻の実家の網問屋の秦家から融通してもらうことができた。さらに小諸義塾をやめ執筆に専念する期間の必要な生活費は、小諸の近在の志賀村の豪農神津猛に頼ることができた。この後神津はながく藤村を援助し続けたが、「その人を得たるため藤村は生きることができた」といってもよい人であった。次に藤村は、出版物をひろく売るには取次店を通すほかないことを知り、出版界の事情に通じている友人の田山花袋などの意見をきいて、手堅い商売で知られている神保町の取次店上田屋を自分の目でたしかめた後、それに発売を依頼した。こうした資金源と販売網の確保が『破戒』の自家出版が成功した二条件であった。それでも藤村は、最低生活を続けた無理がたたって、三人の幼児と後には妻まで喪うこととなった。大きすぎた犠牲であったといわねばならない。こうしたいきさつは藤村の神津猛あての手紙に詳しく報じられている。神津家に保存された、これらの藤村の手紙は、その著作権をめぐって、両家の間に意見の不一致があって、一時出版が行き悩んだが、有島生馬の仲裁で無事出版された。そのことは有島の序文に詳しい。この書は信州出身の羽田書店から出版されたが、あまり売れず、神津家は印税の代わりに現物を受け取って困ったときいた(島崎楠雄・神津得一郎共編『破戒をめぐる藤村の手紙』昭和二十三年)。

小酒井五一郎は努力の人で、長井庄吉から信用され、番頭となり、その長女と結婚したが、明治四十年に独立して英語研究社を始めた。そしてまず吉田幾次郎を主筆に迎えて『初等英語研究』を出し、続いて『英語研究』を出した。吉田は、有楽社から出ていた『英学界』を編集していたが、初歩英語の解説が得意であった。大正のはじめ『初等英語研究』を『ＡＢＣ』と改名し、続いて学年別の英語雑誌を出していった。後には受験雑誌を始めた。雑誌のほか英語の単行本・辞書の出版にも次第に入っていったが、東大教授市河三喜の『英文法研究』（大正元年九月）という名著が英語の本格的な書物の出版のスタートとなった。おそらくこの書は日本における学問としての英語学の始まりであったろう。次いで辞典は武信《たけのぶ》由太郎・岡倉由三郎などによって和英・英和の大辞典を出し、これは成功した。次の段階では、市河・岡倉による「英文学叢書」を出した。大正時代になり、「藤村読本」や藤村の童話を研究社は出したが、『破戒』出版当時に結ばれた小酒井と藤村の若い時代の友情の実ったものであろう（『小酒井五一郎追悼録』昭和三十八年）。

目黒書店という古い信用のある出版社が日本橋にあるが、これも越後出身の人の創業である。さらに第二次大戦中に存在を消したが、第一書房というのが大正末期に開業し、昭和初期の出版界に華々しく活動した。これの経営者の長谷川巳之吉も越後長岡出身で、『新演劇』という雑誌を出していた玄文社にいて、後に独立して出版業者となった。第一書房は非常に凝った装丁の豪華本を出すかと思えば、チープ・エディションの本を出したり、『セルパン』という西欧文化の紹介を主とする安い定価の雑誌を出すなど、いろいろなこころみをやった。第一書房のスタートは松岡譲の『法城を護る人々』であり、続いて堀口大学の詩集やフランス文学の翻訳書を出した。この二人も長岡出身であった。第一書房は、その後いろいろな詩人の豪華詩集・詩書を出して成功した。第二次大戦中、企業整備で出版社の統合を行なう時、長谷川はその事務の中心となって、これを推進した。それで責任を感じたか、統合の完了とともに自らはすっかり商売をやめて引退し、戦後も出版界にカムバックしなかった。まったく異色の出版業者だったが、昭和初期の円本時代に、良質の紙を使用し、しゃれた装丁で『近代劇全集』を出したことは忘れられない企画であった(「堀口大学回顧聴取書」)。

明治時代は主として大橋一族、博文館のグループだけが際立っていたが、大正・昭和となると、いろいろ越後の出身者が東京の出版界において各〻活躍をするのが目立ってきた。博文館は昭和になると時代から取り残されたかたちで、わずかに『新青年』が新しい時代の脚光を浴びて、博文館の名前を伝えていた。

そして博文館は第二次大戦まではどうにか出版を続けていたが、戦後は出版とはすっかり無関係になってしまって、わずかに日記類の発行を続けている。出版業者としての博文館あるいは大橋一族を知っている人は、だんだん少なくなってきた。わずかに最近の推理小説ブームで、戦前博文館が発行していた推理小説専門雑誌『新青年』が再評価され復刻されているが、昔を知っているものにとっては、かえって往年の博文館を思い出させられて寂しいことである。博文館コンツェルンの事業の中で残っているのは、東京堂と共同印刷とであろう。大橋新太郎の全盛時代につくった図書館が九段のそばにあったが、地震で焼失した後に復興し、戦災には遭わなかったが、現在はなくなり、蔵書の大部分は三康図書館に引きつがれている。共同印刷も今日、三大印刷業者の一地位を保っているが、しかし、大日本印刷・凸版印刷にくらべると、第三位とはいっても非常に大きく差をつけられている。元来出版業者と印刷業との関係は不可分であるが、デリケートで、併せて兼営することには微妙な問題がある。大日本・凸版には引き離されたとはいえ、共同印刷はよく残ったともいえる。東京堂は今日取次の仕事は切り離し、小売業として昔ながらの神田の場所に存続しているが、近来、小売業が大型化し、全国的あるいは国際化しようとする動きにはいくらか取り残されている観がある。

越後は古くから米どころであって農業が盛んであったが、非常に土地の集中が行なわれて、全国まれに見る大地主の発生が徳川末期から明治にかけて行なわれ、大地主の存在が越後の象徴ということができた。さらに明治になってからは越後で石油が発見され、海岸地方、とくに出雲崎方面の石油業が日本石油を中心に最初に発展し、それに続いて長岡付近の東山油田が開発され、群小の企業が続出したが、やがて宝田石油会社に統合された。さらに明治中期には新津地方の油田が中野貫一などの手で開発されるようになった。そして原油の生産がふえてくると、それに付随して石油精製業が始まり、当初は柏崎海岸が中心であったが、後に新潟の信濃川沿いの関屋に多くの精油所がつくられた。したがって越後の企業心の強い人や、多少とも資金をもっている人々は石油業に多く集まったのである。しかし他方では、郷里にとどまるのを潔しとしないで、活動の天地を東京にもとめる人も出てきた。その先駆者はすでに述べた博文館の大橋佐平・新太郎親子であったが、この博文館の大橋とほとんど同じ頃に越後から東京へ出てきた長岡の人長井庄吉は、書籍取次業のパイオニアとなったのである。

長岡人を中心に越後人が、こうして明治以後の東京の出版業において大いに活躍をしたことについては、越後、ことに長岡の明治維新においておかれていた政治的な立場が、大きな原因として見逃すことができない。江戸時代、越後は新潟など天領のほかいくつかの譜代の藩、その他小藩の所領に分裂していた。長岡藩は明治維新の際に河井継之助が中心となって中立的立場をとろうとしたが、政府側は、東北地方の平定には側面の日本海方面からも官軍を進める方針をとり、長岡その他の藩に積極的援助を要求し、政治的妥協を排したため、多くの藩は大勢に押されて屈したが、河井に率いられて中立を堅持しようとする長岡藩と衝突となった。新兵器を横浜で購入して準備していた長岡藩は頑強に抵抗し激しい戦いを繰り返した。援軍のない長岡はついに占領され、官軍は越後路から会津に向けて進撃をしていったが、何度か兵火に焼かれた長岡は、復興に苦しんだ。復興に当たって救援に支藩から贈られた米百俵を飢える士族に分けることをせず、金に代えて教育に力を入れたのは河井に代わった小林虎三郎であった(蒲原拓三『長岡藩風と常在戦場の精神』昭和十九年)。こうした立場におかれた長岡はじめ越後の人々は、ほとんど新政府の役人にはならなかった。青雲の志に燃え人々は東京に出て、多く学界(ことに医学)・言論界・出版界など自由の天地に活動の場をもとめた。また郷里にとどまったもののうちには、新たに開発され始めた石油業に企業心・冒険心のハケ口をもとめたのではなかろうか。

新政府に入って成功した越後の人々は、まことに例外的であって、早くから逓信官僚となり日本の郵便制度の確立や海運行政の整備に貢献した前島密(男爵)、それから陸軍に入り日本の軍医制度の確立に力を尽くし、軍医総監・枢密顧問官になった石黒忠悳(子爵)の二人ぐらいである。その前島も退官後は官学ではなく私学の早稲田大学創立に参加し、その発展を支える一人となった。高田早苗はその女婿であった。医学界においては、池田謙斎・石黒忠悳・長谷川泰という長岡出身の明治初期の日本医学界の三大先達のほか、小金井良精・入沢達吉等々を数えることができる。社会科学方面ではわずかに政治学を究め後年東大総長となった小野塚喜平次と社会学の建部《たけべ》遯吾《とんご》の二人ぐらいのものである。

好学心に燃える越後の青年は官僚養成の東大よりも学問の独立をモットーとした早稲田・慶応を多くえらび、言論・新聞・出版界等に身を投じたのであろう。慶応・早稲田ともに創立期においては越後出身者がそこに集まり、その支持者となっていたことは有名である。出版ジャーナリズムの世界について見ると、そこには大橋父子という、明治のジャーナリズムを築き上げ、それを独占した観まであった好先達があったため、多くの後続者が出たものであろう。

三　大正期（大正元年―十五年）

　大正二年二月二十日、三崎町二丁目の救世軍殖民館の建物付近から出た火は、西北の烈風によってひろがり、翌朝までに三崎町（一丁目・二丁目）、猿楽町（中・表）、神保町（北・南・裏）、錦町（一丁目・二丁目）をほとんど焼き尽くし、焼失戸数三千余戸に上った。もとの神田小川町の低地に集中していた学校街・本屋街が一夜にして焦土となったのである。東京堂・巌松堂・有斐閣・冨山房・三省堂・上田屋・三才社など、神田の有力な書店はみな罹災した（鈴木理生『明治生れの町――神田三崎町』昭和五十三年）。この地域の火災保険を主として引き受けていた、ある小さい火災保険会社があったが、たちまち支払い不能となったため、これに保険をつけていた中小企業は、そのうちには古書店も多かったが、保険金の支払いを受けることができず、復興資金の調達に困難したと伝えられている。

　こうして神田は明治二十五年以来、二十年ぶりで大火に見舞われたのである。明治二十五年の大火の後は、神田の低地からの華族や富豪たちの脱出が始まったが、市街地の区画整理はあまり進まなかった。本格的な神田の区画整理は、市街電車の敷設が始まる日露戦争前後までまたなければならなかった。東京の市街電車は、まず馬車鉄道が走っていた品川から新橋の間に

東京都古書籍商業協同組合第１支部より）

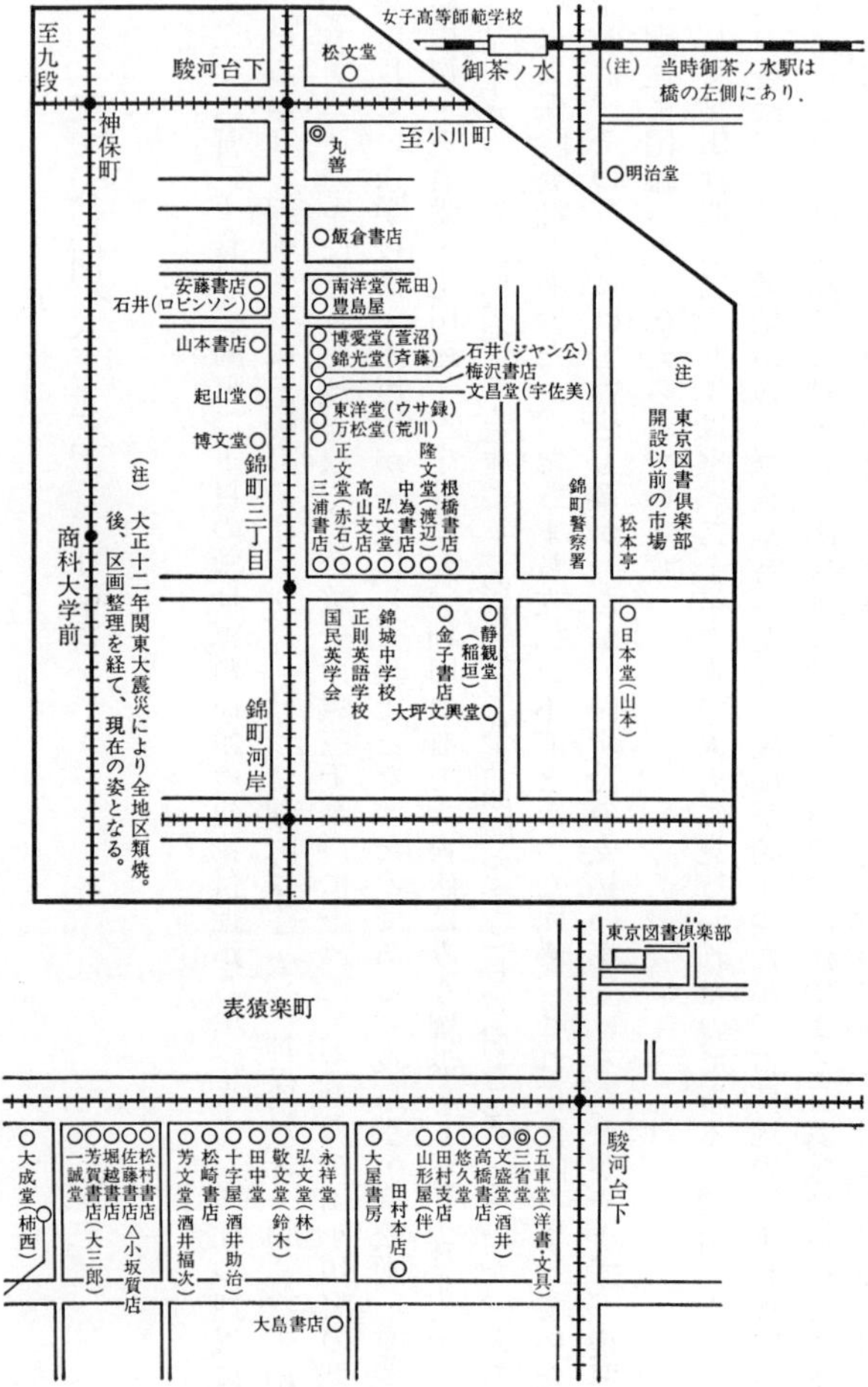

女子高等師範学校
至九段
駿河台下
松文堂
御茶ノ水
（注）当時御茶ノ水駅は
橋の左側にあり．
神保町
丸善
至小川町
明治堂
飯倉書店
安藤書店
石井（ロビンソン）
南洋堂（荒田）
豊島屋
山本書店
博愛堂（萓沼）
錦光堂（斉藤）
石井（ジャン公）
梅沢書店
文昌堂（宇佐美）
起山堂
東洋堂（ウサ録）
万松堂（荒川）
博文堂
錦町三丁目
（注）大正十二年関東大震災により全地区類焼。
後、区画整理を経て、現在の姿となる。
三浦書店
正文堂（赤石）
高山支店
弘文堂
中為書店
隆文堂（渡辺）
根橋書店
錦町警察署
松本亭
（注）東京図書倶楽部
開設以前の市場
商科大学前
国民英学会
正則英語学校
錦城中学校
金子書店
静観堂（稲垣）
大坪文興堂
日本堂（山本）
錦町河岸
東京図書倶楽部
表猿楽町
大成堂（柿西）
一誠堂
芳賀書店（大三郎）
堀越書店
佐藤書店
松村書店
△小坂質店
芳文堂（酒井福次）
松崎書店
十字屋（酒井助治）
田中堂
敬文堂（鈴木）
弘文堂（林）
永祥堂
大島書店
大屋書房
田村本店
山形屋（伴）
田村支店
悠久堂
高橋書店
文盛堂（酒井）
三省堂
五車堂（洋書・文具）
駿河台下

神田の古書店 大正10年頃(『神田古書籍商史』

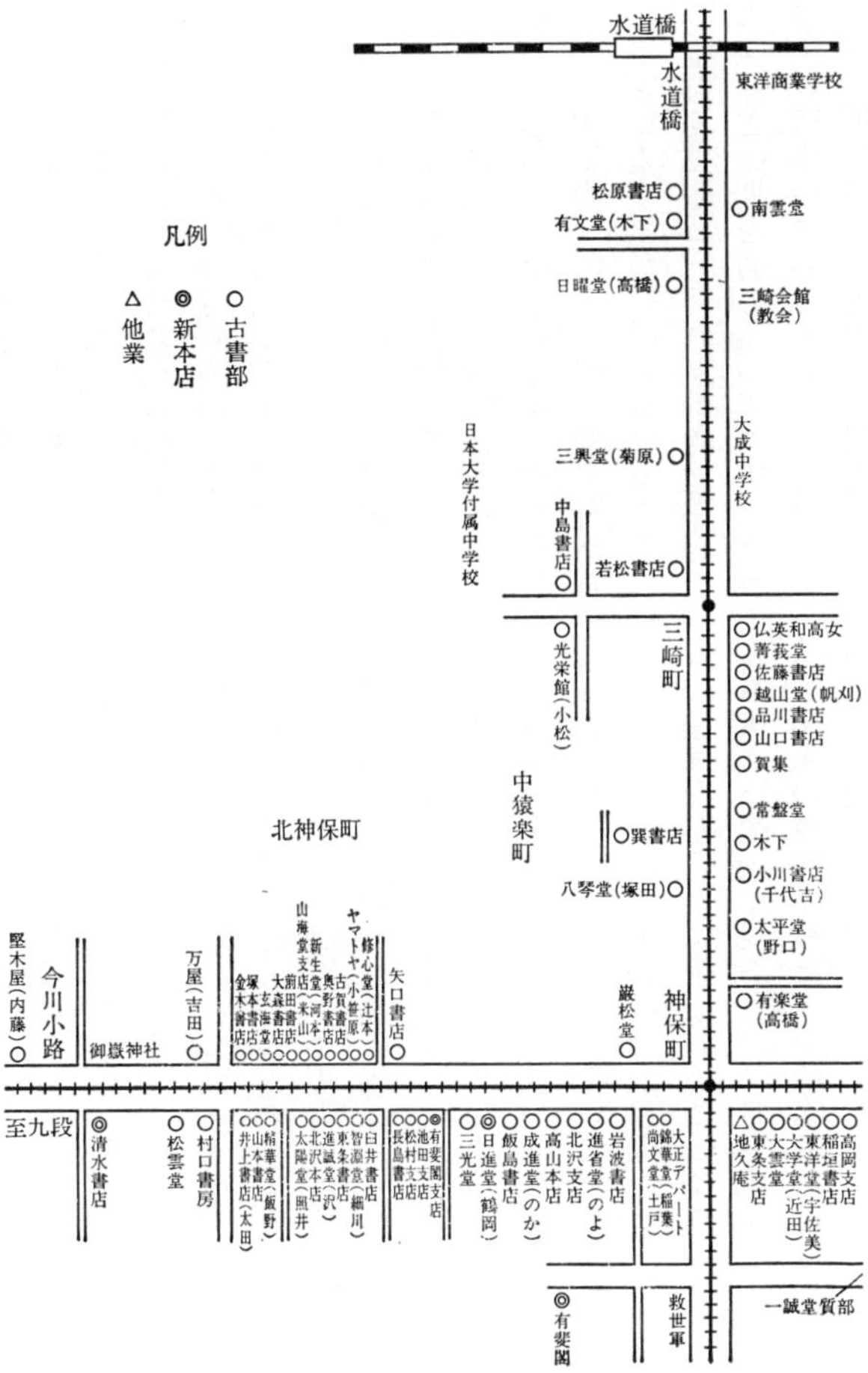

敷設され、それから銀座を経て上野・浅草に至る線が取り上げられた。それに続いて、外濠線と後に呼ばれるようになった数寄屋橋から鍛冶橋を経て神田橋に至る線、しばらくしてそれは錦町から駿河台下・御茶ノ水まで延び、そこで土橋からくる外回りの外濠線と連絡することになった。神田橋から駿河台に至る電車線が敷設される時、駿河台下の市区改正が大きく行なわれ、駿河台・小川町・神保町の様相を変えることになった。神田においては、その後も交通機関の発達は続くが、明治三十七年に甲武鉄道の飯田町・中野間の電化が行なわれて郊外との交通がいっそう便利となった。また三十七年十二月には九段から神保町・小川町・須田町を経て両国に至る線、それから日比谷から神田橋・小川町を通って須田町に至る線、さらに神保町を起点として水道橋を経て春日町・白山に至る線(四十一年)などが計画されることになった。それまで東京市内には三つの市街鉄道株式会社が設立されて競争していたが、明治四十三年に三社が合併し、さらに合併会社を東京市が買収して、市街電車を市営として統一的に運営することになった。大正半ばに至って、神保町から一ッ橋を経て錦町河岸に至る短い区間の線ができて、神田の市街電車網がほぼ完成することになった。神田では電車網の延長の機会ごとに、それに沿う道路を拡張し、それが幹線道路となって、繁華街がそこに生まれることになった。

交通の発達と時期を同じくして神田の学校街にも大きな発展が見られた。日露戦争前後から私立大学・専門学校の整備・充実が行なわれ、法律関係の専門学校は大学の名称をとなえることになった。神田では中央大学・明治大学のほか、専修大学・日本大学などを数えることができた。そしてそれを目ざす学生が神田および周辺に増加した。さらに新しい傾向として、これらの私立大学は、この頃から受験生のために予備校をそれぞれ設け、模擬試験の実施をすることが始まり、大正時代にはそれが一つの流行となった。受験準備については、ほかに数学・英語の受験学校が現われてきた。数学では研数学館や、藤森良蔵の『考へ方』による日土講習会が有名であり、英語では、歴史のある斎藤秀三郎の正則英語学校、磯辺弥一郎の国民英語学会なども受験英語教育に力を入れるようになり、多くの受験生が、その門をくぐった(大村喜吉『斎藤秀三郎伝――その生涯と業績』昭和三十五年)。斎藤の辞書および『正則英語講義録』は、斎藤の創立した「日英社」から出版されていたが、同社整理後、辞書の出版は岩波に引きつがれた(藤井誠治郎『回顧五十年』昭和三十七年)。大正九年まで高等学校・帝国大学は、九月を新学期としていたので、三月に中学校を卒業してから、入学試験の行なわれる七月まで、多くの学生は東京に集まってきて短期間の予備校の門をくぐることになった。そして受験参考書としては南日の『英文解釈法』、藤森の代数・幾何の『考へ方』(山海堂)、塚本哲三の国文・漢文の『考へ方』などがベストセラーとなったのもこの頃であり、英語を看板にして学年別の英語雑誌を出していた小酒井の研究社も受験生用雑誌『受験と学生』(大正六年)を出すに至った。

日本人学生の増加に加えて日露戦争後、官立・私立の大学に学ぶことを目的として中国人の留学生が官費・私費でもって日本に殺到するに至った。このうち官費の中国留学生は、日本が北清事変の賠償金を中国人の日本留学基金に利用するということをしたのがきっかけで、中央政府ならびに各省が、留学生を日本に送ることになったのである。しかし日露戦争において、日本の国力の強さを知った中国では、一般人のうちにも日本留学を希望するものが急激にふえてきた。これらの留学生は日本へきて官立学校にも入学したが、私立学校に入るものが多く、神田の大学のあるクラスでは、日本人と中国人が相半ばする状態になったこともあると報じられている。中国からきた留学生は主として神田に下宿をした。むろん留学生受け入れに積極的であった早稲田大学周辺の牛込方面にも中国人留学生が集まった。一高・東大などの官立学校に入った少数の人は寄宿舎に入ることができたが、その数はかぎられた。中国の留学生は留学中は教科書・参考書をもとめ、卒業して帰国する時には、それぞれ関係のある日本の学術書を買いもとめてかえることになり、これが神田の新本屋あるいは古本屋の大きな顧客として歓迎された。この当時、中国は多数の留学生を日本に送ることになったので、その監督の意味で学者を東京に派遣することにしたが、その派遣された監督のうちに、有名な学者、たとえば羅振玉などがいた。さらに中国の公使として東京に駐在していた人や公使館員のうちに楊守敬のような相当な学者や文献通が赴任してきていた。こうした文化的教養の深い中国の外交官や学者は日本在任中、中国の書物で中国ではすでに喪失しているが、日本にのみ現存しているような珍本や紙型を日本の古本市場で掘り出して持ってかえった。これは日本の古書界に対して、従来、充分な認識がなかった中国古典の価値を教えることになった。わが国の業者が中国の書物の本当に良いものとそうでないものとの識別ができるようになったのは、明治三十年代以降のことで、当初は教養のある中国人に教えられたもののようである。後には京都から東京に店を移した文求堂の若い主人田中慶太郎は外国語学校支那語科別科を出た後に北京に留学したが、自分が商売をするようになると、年々北京に出かけて貴重な中国書を日本に持ちかえった。中国書のほか、朝鮮からも古書を輸入することが行なわれていた。これをやったのは村口書房の村口半次郎である。朝鮮総督寺内大将の知遇により便宜を与えられたと、私の質問に村口四郎は答えたが、寺内は一介の武弁、古書はわかるまい、どういう機縁かと重ねてたずねると、それは西園寺侯の紹介だと答えた。彰義隊くずれともいうべき村口は銀座の服部時計店の近くで夜店を開いた。その時隣で古本の夜店を出していたのは、「本平」と呼ばれていた伊藤平蔵であった。伊藤は十年辛抱の後、四ッ谷伝馬町に店をもち平山堂と顧客に命名してもらった。古本から次第に骨董品に重点を移し、やがて四ッ谷見付に堂々たる店舗を構えた。従弟斉藤利助が加わり昭和時代には東京有数の美術商となった（斉藤利助『書画骨董回顧五十年』昭和三十二年）。村口は間もなく夜店をやめ下谷御徒町の浮世絵商吉田屋に奉公した後、付近で古本店村口勉強堂を開いたが、明治三十五年に裏神保町の出版社上原光風館の隣に移り村口書房を名乗った。そこにはいろいろな人が立ち寄るようになり、本ずきの市川左団次が時には一人で、時には天金の若主人池田金太郎をつれてきたという。古書通であり、蒐集家として知られた和田維四郎との結びつきができたことによって、村口は岩崎・久原、その他大正時代に知られた財閥の古書蒐集家に紹介され、そこに出入りし始めて、営業を伸ばしていった。しかし、村口書房のもっとも異色の顧客は、その頃駿河台に移り住んだ西園寺侯で、侯は散歩の途次、村口書房にしばしば立ち寄ったが、侯から、朝鮮で中国の古書をさがしてこいと教えられ、寺内正毅総督への紹介状を与えられた。当時京城は日韓併合で混乱している時で古書の出物が多かったのであろう。村口は二、三回京城にいき、中国・朝鮮の古書を大量に仕入れてかえり、大きな利益を得たと業界の語り草となっている。かつて文禄の役の時、京城に入った日本軍は大量の中国・朝鮮の古版本と活字を持ちかえって、わが国の出版は、これによって刺激され進歩した。村口はそれ以来はじめての朝鮮からの大量輸入者となったのである。それというのも、顧客西園寺侯の指導のおかげであった。新聞・講談・捕物帳のたぐいしか読まない日本の歴代総理のうち、西園寺侯は和漢洋の学芸に通じ、おそらく最高の教養人であったろう。これに次ぐのは犬養毅ぐらいであろうが、犬養をもってしても、西欧文化においては、とうてい侯の足もとにも及ばなかった。侯はパリにおいてアコラスの門に出入りして、クレマンソーはじめ、そこに集まる進歩的な人々と交わった。さればこそカール・マルクスも侯を訪ねたのであろう。侯が、京都にいけば京都大学の内藤湖南、亡命してきていた羅振玉などをしばしば清風荘に招いて清談したことは知られている。清風荘の扁額は羅振玉の手になるものだった(安藤徳男『西園寺公と湖南先生』昭和十一年)。

村口は明治四十五年に裏神保町から今川小路の電車通りに移って新しい店をもった。その直後の大正二年二月の神田の大火は今川小路には及ばなかったので、幸運にも村口書房は付近の古書店堅木屋などとともに難を免れることができ、和漢書専門の古書店としての村口書房は、朝倉屋とか磯部屋など、古くから知られている一流の和本屋とならぶ地位を築くことができた（村口半次郎「洒竹文庫および和田維四郎氏」『紙魚の昔がたり』昭和十一年。「村口四郎回顧聴取書」）。

神田はじめ市内の古書店に通じていた永井荷風は、大正六年五月の『文明』に書いた「古書本評判記」（「荷風全集」二十六巻）のうちで、村口書房にふれて、「唐本漢籍詩集の類は神田猿楽町〔今川小路の誤り〕の村口、日本橋通壱丁目の嵩山堂、麹町三丁目の磯部、下谷池の端の琳琅閣、本郷の文求堂なぞ専門なり。村口と文求堂は新しき店にて近頃大分大きく致したり」といっている。『荷風日記』を検討すると、荷風が時々村口書房に立ち寄った記事は見えるが、村口が偏奇館に出入りした記事を見つけることはできなかった。目録は発行のたびに偏奇館には送っていた、と村口四郎は語ってくれた。

村口書房の村口半次郎（『紙魚の昔がたり』より）

大正二年の火災を契機にして、市街地の改正が進められ市街電車線沿いの街路の拡張が急速に進められることになり、そしてそれによって神田の本屋の古い様相が一変し、畳を廃して土間とするなどの近代化が、この頃から徐々に始まるのである。

さらに、大正三年から始まった欧州大戦の影響による好景気と民主主義の高まりがあり、高等教育機関の拡充が行なわれ、教科書の需要が増加し、その取引が神保町の新本屋・古書店の大きな対象となったが、一般書の需要も一段と増加することになった。本格的な学術書の出版とか、新しい各種雑誌の創刊とか、いろいろな企画が現われてきた。またこの頃からベストセラーが、あとからあとからとつくられるようになった。河上肇の『貧乏物語』(弘文堂)、続いて倉田百三の『出家とその弟子』(岩波書店)、賀川豊彦の『死線を越えて』(改造社)、島田清次郎の『地上』(新潮社)などが大正時代のベストセラーの代表として読書界を湧かしたものであった。文壇を見ると永井荷風・谷崎潤一郎・吉井勇・長田幹彦らのほか、白樺派・赤門派の若い人々の台頭があって、明治文壇を支えていた人々の退潮が明確となった。明治時代、文壇への登竜門と見られた『新小説』『文芸倶楽部』に代わり、滝田樗陰を編集長に迎えた『中央公論』、山本実彦が創刊した『改造』などがこれに代わって文壇・論壇をリードし、いわゆる総合雑誌時代となった。

こうした新しい傾向を背景に神田表神保町通りに新しい古本店が現われたが、もっとも重要なのは岩波書店である。岩波書店は大正二年の神田大火後、当時、神田女学校の教員をしていた岩波茂雄が、八月に神保町交叉点に近い焼け跡に復興・建築をした尚文堂という本屋の隣の空いている店を借りて古本屋を開いたのがスタートであった。岩波は神田女学校を辞職し(七月)、即日、古本市へいって古本を仕入れ、自分で持ってかえったという。その古本市は洋書後楽会の市だったとも伝えられている。家主の尚文堂土戸伊三郎は神田錦華小学校の教員として勤務するかたわら、専修大学理財科に通った。教職を六年間でやめ、生命保険会社に転職したが、間もなくやめて、明治二十七年古本屋を南神保町で始めた。場所柄繁栄していたが、出版にも手を出し、語学関係の書物の出版に力を入れていた。彼は大正・昭和を通じ、古本・新本小売業界の代表者と推されるようになったが、後継者に人を得ず、店を岩波に譲って業界から消えた。岩波は店舗だけでなく、やがて土地をも獲得した。

大正二年の火災後、岩波に続いて、その付近の表通りに何軒かの古本店が開店した。高山書

夏目漱石の筆になる岩波書店の看板

南神保町にあった岩波書店(大正７年４月)

店・進省堂がそれである。高山書店は近くの横町にいたが、地主の信頼をかちえていたので、火災を機会に表通りに出ることができた。進省堂の鴨志田要蔵は、もと野田といい、養子であって、小取次屋の集まっている錦町で、小さい古本屋と下宿とを経営していたが、この頃神保町に移ったのである。素人上がりの古本屋岩波に古本業を一々教えたのは近所の進省堂の鴨志田要蔵であった。年長者である家主の土戸よりも若い鴨志田の方が、岩波には気安く話ができたのであろう。古本屋をやめた後も岩波は鴨志田とはながくつきあった、と『岩波茂雄伝』(安倍能成、昭和三十二年)は述べている。

神保町から駿河台下に至る電車路もこの時ひろげられ、南側に古本屋が店をはじめて開いた。その中に、反対側から移ってきた一誠堂もあった。酒井宇吉の一誠堂は、はじめからもっぱら一般書を取り扱う古本屋としてスタートをし、とくに洋本が中心で、和本や原書を取り扱うようになるのは後日のことである。巌松堂はすでに、古本部のほか出版部を設け、社会科学、とくに法律・政治に主として力を入れたり多角経営をしていたが、この火災で、神保町周辺に分散していたすべての部門が一挙に焼失して、大きな打撃を受けた。しかしすばやく復興し、古本業と出版業とを順調に発展させることができた。

岩波書店は、定価販売という、古本屋としてはまったく新しい経営法を実行して業界から白眼視されていたが、開業後間もなく出版を始めることになった。当初は充分な資金がないために、夏目漱石先生の私費出版の形式で『こゝろ』(大正三年)を出版し、岩波書店を発売所としてその販売を取り扱うことにした。その収益でもって夏目家の支出した経費を償却し、その後は利益折半という、岩波にとってはまことに有利な内容だった。元来、岩波茂雄が古本屋を始める時は、親類などの反対にもかかわらず、故郷にもっていた田地を売り払って、相当まとまった資金を手にし、開業資金とした。それでも開店早々は商品が足りなくて、友人などから本を借りてきて店頭の書棚を埋めた、ところが、その借りてきていた書物を客が望むので困ったという話もある。要するに、自ら市へいって仕入れをして、自分で車を引いて帰ってくるという程度の規模で仕事を始めたのであって、とうていすぐ出版をするだけの資金の余裕はなかったのは当然である。普通の金融機関、たとえば銀行は当時は小さい本屋に出版のための流動資金を供給するまでになっていなかった。しかし『こゝろ』を出して、ある程度出版業に自信もつき、さらに台湾総督府の図書館が書物を購入するということで、当時としては大金の一万円を岩波書店に前渡しして、書物を集めさせた。そうしたことがあって、信用ができるとともに、ある程度資金もできてきて、新しい出版企画を次々に始めることができた。まず夏目漱石の『硝子戸の中』や阿部次郎の『三太郎の日記』を出版し、さらに友人の若い哲学者などと相談して書き下ろしの「哲学叢書」(十二冊)をシリーズで出す企画を発表した。この「哲学叢書」が従来のような老大家中心でなくして新進の学者によって、それぞれ得意のテーマについて書いてもらうことをしたということにおいて、さらにそのえらばれたテーマが新しい時代の要求するものであることによって、知識階級・学生層の歓迎を受けて評判になった。シリーズの中には、むろんそれほど売れないものもあったが、ただちに高等学校の教科書に採用されたものもあった。中には昭和十年代まで売り続けた名著も出た。「哲学叢書」によって岩波書店の出版業者としての地位は確立したといっても間違いでなく、その後、岩波は古書売買には力を入れなくなり、やがて新たに古本の仕入れをするのをやめて、出版業者としての仕事をどんどん伸ばしていくことになった。

しかし、短かった古本業者としての岩波は、業界に一つの大きな功績を残した。それは前に述べた定価販売ということを始めて、古本業界における多年の、買い手との間の価格割引交渉という習慣を打破する契機をつくったことである。書物の定価の割引については、当時は古本のみならず、新本でも割引が行なわれていた。神田書肆街に出入りした中国人はことに熱心に割引を要求した。中国人は一般学生から有名な学者に至るまで、本を買う時には必ず割引を要求した。それは自国がそういう慣行になっていたためかもわからないが、神田書肆街においても執拗に割引を迫った。定価販売には中国人のみならず一般になかなか馴染まなかった。同業者の抵抗も強かったといわれているが、ともかく岩波書店が始めた定価販売・正札販売は、その後、まず新本の取引においてひろがり、同業組合・取次業者の強力な後援もあって、新本の定価取引が徐々に確立し、やがて古本においても一誠堂などの同調するものが出てきて、正札販売が次第にひろがっていったのである。

すでに述べたように、明治時代を通じて東京の出版業はまだ日本橋・京橋が中心であって、神田・本郷における出版業はそれほど盛大でなかった。ことに雑誌社は神田には少なかった。博文館・春陽堂・実業之日本社は、いずれも日本橋・京橋にあった。大正時代になって、神田における出版業が、歴史の古い有斐閣・冨山房・三省堂・東京堂に加えて、巌松堂・清水書店・岩波書店が発展してきた。さらにそれに続く群小の出版業者・雑誌社が現われた。業者間には競争が行なわれたが、なかんずく注目すべきは、法律関係の出版業における競争であった。ここにおいてはまず、有斐閣は創業以来十年経って、明治二十年頃に江木衷の書物を出版し、それが好評だったことによって法律書の出版業者としての途を歩き始め、古本業者としての仕事を漸次縮小していった。そして明治三十年代になると、有斐閣は中央大学・東京帝国大学法科大学の教授たちの書物のほか、経済関係の教授の著書を漸次出版し、社会科学関係の出版業者としての有斐閣の地位は確立することになった。この時有斐閣では、初代の斧太郎はすでに死んでいたが、養子の重忠が二代目となって社業を順調に伸ばしていった。彼は東大農学部卒業の営林関係の役人であった。

京都帝国大学が明治三十年に設立されることになるが、その法科大学の先生たちの書物もはじめは京都ではなくて、ほとんどが東京、しかも有斐閣から出版されたのである。明治から大正初期は東西両帝国大学の法学だけでなく、政治・経済関係の教授たちの著書は有斐閣がほとんど独占している状態であり、とくに有斐閣においては、東京大学法学部の美濃部達吉教授の憲法・行政法、牧野英一教授の刑法関係の著書を独占的に出版し、この二人の先生の書物によ

岡本一平「日本の法律学の先駆者」(大正４年７月，法理研究会20周年記念に穂積博士邸に集まった人々)

って有斐閣の事業はますます発展できたといっても間違いではなかろう。したがって有斐閣は、江木衷の書物を出すことによって出版業者としての地位を獲得し、さらに、同じ中央大学に関係のあった奥田義人、その他の人々の書物を出しつつ発展し、そして東西両帝国大学法科大学の法律学科の教授たちの書物、とくに大正期になって、美濃部・牧野両教授の書物を独占的に出すことによって飛躍していったと概観することができる。さらに、法律関係だけではなしに経済関係においても、東京帝国大学の山崎覚次郎教授、あるいは京都帝国大学の田島錦治教授という両帝国大学経済学部の二長老教授の書物はほとんど有斐閣が独占的に出版していた。河上肇教授も東京時代はむろん京大に赴任されてからも、当初は有斐閣から出版していたことが指摘できる。しかし河上教授の著書は、『貧乏物語』以後は京都弘文堂が一時独占的に出すことになった。

法律関係において、私立大学の先生や司法官の著述を主として出していた巌松堂や清水書店は有斐閣と競争的立場にあった。大正時代になって有斐閣の官立法科大学における独占的地位を脅かすことになったのは、新興の岩波書店が、鳩山秀夫博士の民法の講義案を順次出版することになってからである。これは、鳩山秀夫博士と岩波茂雄とが一高以来の友人という関係があって、岩波の懇請に鳩山博士が応じ出版を許したのでなかろうかと思われるが、鳩山博士の講座をついだ我妻栄教授も岩波書店から同じように出版をし、岩波書店の法学関係の出版は鳩山・我妻ラインから始まり、後には田中耕太郎教授の商法関係、あるいは世界法関係の書物も岩波が出すようになった。岩波は経済学方面においては、当初は東大の土方成美教授の書物を出したり、その主宰する雑誌『経済研究』の発行を引き受けていた。農業経済の那須皓《ひろし》博士や東畑精一教授の著書の出版もしていたが、後には大内兵衛教授の『財政学』を出し、さらに講座派と呼ばれることになった大塚金之助・野呂栄太郎・山田盛太郎・平野義太郎などの企画した「日本資本主義発達史講座」を出し、その「講座」に載った山田盛太郎の名著といわれる『日本資本主義分析』や平野義太郎の著書を、岩波書店が単行本として出すことによって、社会科学方面の出版においても、その地位を確立することになった。

また岩波は『思潮』『思想』を創刊して雑誌出版にも手をつけたが、もっぱら各種の学術雑誌の出版に重点をおいたことで、かつての博文館、大正時代の講談社のそれとは大きな対照をなしている。『思潮』『思想』には、世界大戦のため帰国を中止して横浜のロシア総領事官邸内にとどまっていたケーベル博士の随筆がしばらく掲載され、駿河台時代から続いたこれら珠玉の随筆は、久保勉の訳により『ケーベル博士小品集』三巻（大正八年—十三年）として出版された。生前出版された第一巻において、ケーベル博士は序文でもって、出版者岩波に対し「日本における精神的文化の高貴なる促進者たり且つ哲学書の倦むことない拡布者」と感謝の辞を述べている。岩波が、後に雑誌『思潮』『思想』を和辻哲郎を編集者として発刊したのは、ケーベル博士の随筆を掲載するのが目的であったとさえ語っている。私は、ラムの『エリア随筆』とケーベル博士の随筆とは折にふれて繰り返しひもとくが、ケーベル博士の随筆を読む時は、江戸時代、同じ駿河台に住んだ儒者室鳩巣の晩年の円熟した心境をしめした『駿台雑話』(五巻十冊)を想起する。これには享保十年(一七三二年)の自序があり、鳩巣七十五歳の時の著述と推定されるが、その上梓は没後十数年を経た寛延三年(一七五〇年)のことであった。当時出版ということが、いかに困難な仕事であったかがうかがわれる。鳩巣が駿河台のどこに屋敷を賜わっていたかは明らかでない。

大正期の出版・書籍の取引を述べるには、取次業務の発展と神田との関係を逸することはできない。明治期の出版の発展と販路の全国への拡大については、取次業がこれを助けて大きな役割を果たしたことはすでに述べた。取次においては、東京堂のほか五大取次ができたが、そのうち最大の東京堂と上田屋が神田にあって、神田の書籍取次業における地位は優勢となっていた。さらに神田においては明治四十年代になって、神田錦町を中心に小取次店が続出し始めた。これらの小取次業者は、主として東京市内および周辺の小売商を取引の相手とし、お互いに激しい競争をしていた。これらの小取次業者の中には自ら独立して始めたものもあるが、東京堂その他の大取次店で修業の後、のれん分けのかたちで、市内の販路をもらって独立したものもある。彼らは主家の出版物については、入銀その他において優遇を与えられるのが普通だった。

小取次は、朝、その顧客とする市内の小売店を回り、注文をきき、それを大取次または出版社から取ってきて、その日の午後に配達する。一刻を争って注文をきき、できるだけ早くそれを小売店にとどけるのである。一日中走り回って休む暇がなく、少ない口銭で働くのが小取次の本来のすがただった。明治四十二年、もと東京堂にいて独立し、錦町に店をもっていた平塚京華堂に同じ郷里の岐阜から一人の小僧がきた。十五歳であったが必死に働き、主人や取引先に働きぶりがみとめられた。数年後の大正七年に二十三歳で独立し、近くに間借りし、競取り的取次を始めた。これが栗田確也である。その頃京華堂は、手形保証で破産し整理中であったので、退職金はもらえず、わずかの貯金しかもっていなく、開業資金というのはほとんどなかった。たちまち資金的に行き詰まったが、栗田は、出版を始めて軌道に乗りかかった岩波書店にとび込み、店主岩波茂雄に資金の借り入れを懇願した。岩波は支配人の堤と相談の上、希望通りの金額を希望通りの無利息・六か月月賦返済という条件で貸与したのである。栗田の場合、岩波が、それまでに彼の働きぶりを見て知っていたのと、思い切ってとび込んできたのを見込んで、無担保というまったくの対人信用で融資したのであろう。堅い辞典ものを続々出していた同文館も、京華堂当時の栗田の働きぶりを買って経営に行き詰まった京華堂との取引の肩替わりをみとめてくれ、それで栗田は信用を高めることができた。

多くの小取次業者は、激しい競争に敗れたり、経営に失敗したり、病気になったりして、脱落していった。この戦いに生き残ったのは、ほんの数軒だった。さらに頭角を現わしたのは、栗田書店と小川菊松の誠文堂の二軒にすぎなかった。若い小川菊松は明治三十七年に東京に出てきて、一書店に入り、海員になろうとしてすぐやめたが、目的を達することができず、再び新本と取次を兼ねていた日本橋の至誠堂に入り、取次を担当し、至誠堂を六大取次の一つに入れるのに貢献した。数年勤めた後、独立しようとしたが、主人からみとめられず自発的にやめて独立し、錦町で競取りから取次を始めて苦労した。これが小川誠文堂の発端である。取次は、元来、口銭の少ないものであったため、いくらか成功すると出版に進出をこころみるものが多かった。小川・栗田もその例にもれず、小川は渋川玄耳（もと朝日新聞記者）の『わがまゝ』、「藪野椋十の見物もの（日本・世界）」、米窪太刀雄の『海のロマンス』（中興館と共版）などで当たると、取次をやめて、出版専門になり、各種の雑誌を創刊した。なお栗田・小川については、さらに後にふれる機会があろう（栗田確也『私の人生』昭和四十三年。「栗田確也回顧聴取書」。『栗田確也の追憶』昭和五十三年。小川菊松『商戦三十年』昭和七年。小川菊松『出版興亡五十年』昭和二十八年）。

大取次も、いろいろ協調が図られたが、なお激しい競争が続き、その過程で、六社が五社になり、昭和はじめには、至誠堂の破綻を機会に、上田屋と至誠堂とが合併して新会社大東館をつくることになり、ついに東京堂・東海堂・北隆館・大東館の四社へと淘汰されていった。

東京堂は明治時代、大橋省吾が社長として、よく発展していったが、彼は明治四十四年に死に、その後には大野孫平が迎えられたことは、すでに述べた。彼は大橋新太郎の後援を得て、大正から昭和期、太平洋戦争となって、取次一元化が強制的に行なわれるまで東京堂をひっさげて、一方では大取次業者をまとめ、他方では出版業者、ことに飛躍期に入った大手の雑誌出版社と協調して、雑誌・単行本の価格維持を図り、業界の健全な発展に努力した。講談社の通俗雑誌の大量生産・大量販売計画、改造社の山本実彦の円本企画などに賛成・協力し、それを成立させたのは、まったく大野の力であったといわれている（『東京堂の八十五年史』昭和五十一年。橋本求『日本出版販売史』昭和三十九年）。

古書の取引、とくにその仕入れについて見ると、明治時代を通じ、取引の量が増加し、業者の数が増加するにつれ経営方法に順次変化が生じた。古書店は坐して書物を売りにくるのをまっていては供給が追いつかないので、自ら市内を回って、他の古書店の店頭から、自店で需要の多い、しかも価格の安いものを見出して買ってくるとか、あるいは競取りを使って自店に向くものをさがして持ってこさせるということをやっていた。明治時代は競取り時代ともいうべきで、多数の競取りがいて盛んに活躍した。彼らにはおのずから得意とするところがあり、取り扱うものが専門化していた。しかし、それだけでは需要に追いつかなくなったので、同業相集まり、商品を持ち寄って交換をする方法が自然に発生してきた。古本交換市の生まれてきたのは日露戦争後のことであり、神田あるいは本郷方面では、いくつかそういう集まりが生まれた。場所は貸席が使われたが、神田ならば松本亭、本郷は志久本亭というふうにきまってきた。中心となって世話をする人がおり、その人を中心に気の合った数人が集まったが、世話をする人は会主と呼ばれた。集まる時は一定量（金額）の品物を持ってくることがきまりであり、毎回の最低額をきめて、月一回または二回会合し、毎回の取引額または年間の最低取引量もきまっていた。洋書を取り扱う書店だけが集まる会合もあった。これには神田・本郷だけではなく、その他からも参加者があり、洋書後楽会と名づけられた。洋書後楽会だけでなく、すべて交換市は、交換が済んでからの会食その他いろいろたのしみがあった。その方が目的だったという人もある。

こうしたルーズな会合を、いくらか組織化しようとしたのが神田書籍商同志会で、それは十人の中心的な古書店主が発起人となり、神田の各古書店を勧誘して明治四十三年秋に結成され、いままでいくつかに分かれて集まっていたものを統一して、毎月一回会合することにした。同志会は、月一回の交換市を開くほか、大正時代に入ると永年勤続の店員の表彰を開始した。これは、戦争のため景気が上昇してくるにつれ、店員のうちには転職するものが出てきたり、新規採用が困難になってきたための労務対策という意味があったろう。この表彰はながく継続され、表彰を受けた人々は自分たちの会合をつくり、多くはやがて独立して、次の古本業界を背負う世代として発展していった。従業員対策としては、次に定休日の設置の必要がさけばれるようになってきた。新本取引店が先に月一回の定休日をきめた。しかし古本店の場合、これは神田のみでは実行困難として、東京全体の古書籍商組合の結成を行ない、その上で全市内で一斉に休日を実行することになった。東京古書籍商組合が成立したのは大正九年一月のことであった。

これより前の大正五年に同志会の内部では、種々の会合を開くに当たり、一々席亭を使わないで自己の会館をもつべきだという新しい議論が起こってきたが、その企ては敷地・資金、いろいろな面から実現の望みはもてなかった。ところが、古書店仲間でアイデアマンといわれていた芳賀書店主芳賀大五郎が、またまた一つの実行案を樹てた。彼の実行力と家主の協力で小川町に適当な建物を見出し、それを月賦で譲り受け、改装して図書倶楽部会館とし、ここに組合は強固な基盤をもつことになった。その後、組合の会合や市はすべてこの会館で行ない、あるいは後年、即売会が盛んになってきた時は、そこを利用するに至り、神田の古書会館はあらゆる古書取引の中心となるに至った。ともかく古書業界は、大正期において、神田を中心に組合化・組織化が進んだことと、会館ができたことで、古書業界の協力はいっそう強化され、共同の利益を守ることができるようになったのである(『神田書籍商同志会史』昭和十二年。『東京古書籍組合五十年史』昭和四十九年)。

神田の書肆街は、大正中期においては交通機関が完備し、市街電車線に沿って新しい古書街が発達し、業界内の協調も、有力業者の努力で進み、それに加えて、大学・高等教育機関の拡充などの影響で好況を享受しつつある間に、突如として震災が起こった。震災は神田の書肆街にとくに大きな打撃を与えた。大量の書物を持っていたために、耐震力の弱い神田書肆街の店舗は一瞬にして崩壊をしたものが多く、そのため犠牲者も出た。そしてその間にあちこちで火を出して、九月一日の夕刻までに神田の本屋街はほとんど焼失し、さらにその火は南風が吹きすさんで駿河台・小川町・淡路町方面にまでひろがり、商店街・学校街のほか高台住宅街まで焼け野原になってしまった。いままで、たびたびの火災にも駿河台は火災を免れることができたが、このたびは、南風のため低地に発生した火災が高台にまでひろがった。こうして神田の書肆街は明治二十五年以来、四十年足らずの間に三たび大きな火災に襲われたことになり、しかも大正期において、十年をへだてて二度大火災に見舞われたわけである。いままで火事に見舞われるごとに、書肆街は、見事な復興ぶりを見せ、立派な建築をし、そのたびに焼け太りの感があった。神田の書肆街は、それほどたくましい成長力をもっていたのである。ところが大正十二年の震災の場合には、前二回と違って保険金はほとんど支払われなかったので復興は困難をきわめた。ロンドンのロイヅに地震保険付火災保険をつけていたのは神田にあった救世軍本部だけで、他はすべて日本の火災保険会社の地震免責約款付普通火災保険であって、震災には保険金の支払いは行なわれないことになっていたが、大衆はそんな約款は読んでいなかった。いろいろ運動したが、契約は契約で、結局政府資金の貸付を得て一割程度の見舞金の支払いで解決された。各務鎌吉の東京海上保険会社だけは、自己資金で見舞金を支払って名をあげた。

罹災者は資金的にも困ったが、復興材料の入手、復興工事のため必要とする労働力が容易に得られないことでも困難した。しかし各書店は今度もそれぞれ努力し、他に先んじて復興し、その底力のすさまじさを見せた。巌松堂の例を見ると、巌松堂は郷里が静岡県で天竜材の産地であるために、郷里から復興材料を持ってくることができたし、一誠堂の場合は郷里が越後長岡であり、長岡には兄弟が相当な本屋を経営していたので、有力な補給基地となることができたため、食糧はむろんのこと復興材料のほか復興のための大工・左官など労働力を長岡から送って、迅速に復興を進めることができた。彼らは真っ先に神田の焼け野原に仮営業所を建て、書物に飢えた人々が殺到し大いに営業を伸ばすことができた。こうした田舎に郷里をもたぬ東京出身の罹災本屋の困難ははなはだしかった。たとえば、今川小路の村口書房は頼るべき田舎をもたなかった。昔、銀座で服部時計店の前で露店を開いていた時、ならんで店を出して、その後四ッ谷で成功していた伊藤平山堂は罹災せず、避難の途中立ち寄った村口父子に暖かい食事を供して慰めた。復興資金にと、東大医学部の土肥慶蔵教授が村口に無条件で一万円を即座に贈った。土肥は東大卒業後、ウィーンで学んで帰り、東大で皮膚病黴毒学講座を担任し、その方面の最高権威者であった。三井元之助の妹と結婚しており、『世界黴毒史』の著書で学士院賞を授けられた。その蔵書のうち、専門に関する内外の文献は東大中央図書館に、日本人の漢詩文集約七千八百冊は詩文集のコレクションとしては最大のものの一つとして知られていたが現在は国立国会図書館に納められている。さらに一部は、アメリカ、サンフランシスコのバークレの大学に移っている。元来豊富な資金と深い学識でつくられた土肥コレクションは死後縁故のあった三井合名会社に引き取られ、三井文庫に納められていたものであるが、いかなる事情で戦後分散するに至ったのか、私は知らない。かつて三井文庫が大正時代に買い取っていた本居宣長関係文書(三井家も本居と同じく松坂出身である)も、土肥文庫と同じ時に処分されたのでないかと思う。村口は土肥家に出入りして、その蒐集を助け、土肥は村口書房のもっとも大事な顧客の一人だった。村口の震災後の復興には、旧大名の整理するものが続出して助けられた。村口は親しかった松平直亮伯(旧松江藩主)の好意により、石州浜田の藩主松平家伝来の古美術や古書籍処分を引き受けることができた(土肥文庫については、『東京大学総合図書館古医学目録』昭和五十三年、参照)。

本郷、あるいは早稲田方面の山ノ手の本屋は、ほとんど震災の被害を受けることがなかったが、神田・日本橋・京橋あるいは三田方面はこの時に一様に罹災したのであり、神田以外の古本屋の回復も難しかった。神田はその点、比較的順調に回復を遂げることができた。それは震災によって多数の書物が焼失をして、書物をもとめる需要が非常にふえたために、これに応じて神田の古本屋はバラック建築をするなど積極的に動き始め、東京市内において古本の供給源をもとめることができないと考えた彼らは、先を争って震災を受けなかった地方都市に出かけた。地方の古本屋が、従来の価格のままで並べている本を片っ端から買い漁って、それを東京に持ちかえって巨額の利益を得た。地方の古書店はこれに気がついて、あわてて正札のつけ替えをしたが、後の祭だったといわれている。

さらにこの神田書肆街の復興を助けたのは、個人的な需要だけではなしに官庁と学校が震災で失った書物や資料を回復するため、巨額の図書復興予算が組まれ、充分な資金を使って買い

火を吹き始めた東大中央図書館(大正12年9月1日午後1時過ぎ)

漁ることをやったことである。当時東京では官庁は丸ノ内・大手町方面と築地に所在していて震災の被害は大きかった。本郷においては、本郷の書店街は火災をほとんど受けなかったが、東大は医学部の医化学教室から出た火が中央図書館を全焼し、さらに経済学部・文学部・法学部の研究室を数時間のうちに焼き払ってしまった。中央図書館は外側の壁がはげ落ち、三階に別置されてあった貴重図書室に外部から火が入って燃え始めたため、貴重書を取り出すことができず全部焼いた。各学部の研究室は夏休みでほとんど無人に近かったため、重要な書籍・書物のほか、研究業績類まで焼いてしまった。経済学部研究室では、小使その他の少数の人々の努力でアダム・スミス文庫の書物だけは取り出すことができた(『東京大学経済学部五十年史』昭和五十年)。神田では、商科大学・外国語学校のほかに多くの私立大学や各種の学校は同じ状態で罹災した。商科大学・中央大学以外は図書館も一緒に焼けた。商科大学では図書館と三井ホールが助かった。ドイツから到着したばかりの有名なメンガー文庫とギールケ文庫は三井ホールにおかれていて幸いに助かった(『一橋大学付属図書館史』昭和五十年)。ドイツ最大の法律学者の文庫として知られていたコーラー文庫は東大が購入して到着していたが、かつて岩崎家が買い東大に寄贈していたインド関係の文献を集めて世界的に知られていたマックス・ミューラー文庫とともに喪失したのは、学界の痛恨事であった。したがって、各大学の研究室・図書館の復興のための書物の需要が莫大な量に上ることは、ただちに推定できた(「中央史壇」、大森金五郎編『文献の喪失、文化の破壊』五十四号)。

こういう次第で、神田の本屋街の復興は、関係者の努力もあって予想した以上に迅速に進んだ。出版業の場合は、やはり神田中心に下町に集まっていた印刷所・製本業者が工場と紙型ともども震災によって徹底的にやられたために、はじめは復興が容易でなく、雑誌・書物の出版は当分どうなるか見当がつかぬと思われた。しかし何とかして、雑誌は一、二ヵ月のうちに発行を再開するようになったが、本格的な書物の出版にはもう少し時間がかかった。一部の人々は、東京における印刷業の復興、書物出版業の復興は当分見込みがない、出版業の中心、文化の中心は、あるいは関西に移る、とまで予想した人もいた。文士のうちには、東京の出版関係の復興は当分見込みがない、文壇は関西に移るといった人もいた。そうした考慮からいち早く関西に居を移したのは谷崎潤一郎であったが、しかし案外、地方の出版業、あるいは地方におけるジャーナリズムの発展は見られないで、たちまちにしてジャーナリズムも文壇も東京で復活するようになり、関西に走った文壇人もすぐ東京に帰った。たしかに東京では下町は罹災したが、山ノ手は多く火災を免れた。神田・京橋など下町の印刷所・製本業者は罹災したが、大正時代から山ノ手につくられていた大手の印刷工場は無事であり、紙型も残ったものが案外多かったことが、文化の中心としての東京の復興を助けた。しかし、谷崎潤一郎だけは、その後約三十年間、関西を中心にして執筆活動を続けた。谷崎源氏として知られている『源氏物語』の現代語訳も、また戦争中発表を禁じられた中でも執筆を続けた『細雪』も、彼は関西において完成をしたのであって、彼が関西で最後に住んだ洛北、下鴨の潺湲亭《せんかんてい》を譲って居を再び関東に移したのは、第二次大戦後十年以上も経った後のことである（長尾伴七『京の谷崎――潺湲亭訪問記』昭和四十六年）。

　震災の文化に与えた真の打撃は、貴重な文化的遺産を焼失してしまったことである。中には回復すべからざるものが多数含まれていた。どのくらい貴重なものを失ったか、ということも正確にはわからない。東京大学の場合、図書の損害が正確にはわからないのは、不幸にして同大学の中央図書館のみならず各部局の図書のカタログのうち、持ち出すことのできたのがほんのわずかであったためと、未整理のものが多かったためである。どれだけのものがあっただろうということは、いろいろな記録から想像されるのであるが、全貌を正確に知ることはできない。学校・官庁だけでなく、個人のコレクター、とくに学者あるいは個人の場合も、ほとんど一瞬にして蔵書・カードともども焼失してしまったものが多い。こうして震災による日本の受けた文化的損失の大きさは、実に計り知ることができないといわねばならない。さらに、神田について見ると、神田の古書店街がもっていたストックは総合すると莫大な量に上ったであろう。それが、ほとんどそっくり焼失した。古記録類など焼失によって受けた損失は、計算できないほど大きいものである。

この震災によって失われた貴重な図書、その他の文化財については、和田萬吉・内田魯庵などの権威をはじめ、それぞれの関係者が調査して発表されている。しかし、それは部分的である。大蔵省・農商務省・逓信省、その他の霞ヶ関・大手町や木挽町付近にあった官庁が罹災し、そこにあった江戸期からの古記録および図書の焼失した量は厖大なもので、回復できないものが多く、その損害を見積もることは不可能である。しかしこの損失によって、書物あるいは資料のいかに貴重なものであるかということが、強く教えられた。ことに学校・官庁あるいは個人の人々が文化財の重要性、ことに文化財としての記録・資料の貴重性を改めて認識するに至ったことは、反面その損失を受けたことをつぐなうものがあったのではなかろうかと思われる。そのため復興に当たって、図書・資料の保存に耐震・耐火の堅牢な建築が行なわれたり、第二次大戦においては戦火に備え、あらかじめ文化財・貴重図書を疎開その他によって守ることに懸命の努力を払うことになったのであろう。

四　昭和前期（昭和元年―二十年）

震災は、東京を、神田を一変させた。震災前は東京には、まだ江戸の名残りが至るところに見られた。生活にもそんなものがいくらでも残っていた。神田、ことに低地地域は、たびたびの火災で、大正時代には江戸の名残りだけでなく、明治の名残りももう少なくなっていた。震災によって神田は、低地だけでなく駿河台も残らず焼けてしまった。ニコライ堂はじめ、学校・病院から華族や上流階級の広大な屋敷も被害を免れることはできなかった。明治初年以来、鈴木町に屋敷をもち、洋風建築をして五十年以上ここに住んでいた曾我祐準子爵も、この時ここで罹災した。火の迫るとともに身をもって逃れ、御茶ノ水から上野に逃げ、上野駅付近で一夜を明かした。令息祐邦の宅に避難した後、船で熱海に赴き、別邸に落ち着いたが、震災のショックがよほど激しかったのであろう、子爵は同年末、枢密顧問官はじめ一切の公職を辞して隠居し、東京にもどらなかった（『曾我祐準翁自叙伝』昭和五年）。

東京の復興は、基本的な都市計画ができ、市区改正が行なわれてから本建築が許されることになったので、当分はバラック建築しかできなかった。市街電車および国電の復旧作業は急速に進められた。国電中央線は神田では万世橋までできていたのが、震災前には東京駅まですでに延長されていた。震災後は上野・東京駅間の工事が進められ、その完成によって山ノ手線の循環運転、中央線の東京駅折返しが始まった。さらに房総線の御茶ノ水駅乗り入れが完成し(昭和七年)、新しい御茶ノ水駅が御茶ノ水橋と聖橋との間に設けられて、乗降客が激増することとなった。

震災復興計画は、何といっても道路の新設拡張、橋梁の架設が大きな柱であったが、神田では九段下から須田町を経て隅田川畔に至る電車道路が南側においてひろげられ、幹線となった。これに対し、新たに神田橋から小川町を経て、駿河台にのぼり、神田川を渡って湯島に出る新しい幹線道路が開かれ、そこに聖橋という新しい橋がかけられた。

神田の書店街や商店街では、まずもとのところにバラック建築を建てて営業を始めることを急ぎ、バラック建築の資材の調うのをまつのももどかしく、テントを借りてきてテント張りの店を建てて営業を始め、大いに当てたのが酒井一誠堂であった。郷里から建築資材や職人まで救援をもとめることができた巌松堂や、長岡を控えた一誠堂グループの復旧は急速に進んだ。学校・病院などもまず仮建築で復旧し、本建築は昭和になってから始められた。主婦の友社は震災前に神保町から駿河台南甲賀町十七番地の病院のところに移っていて、そこで罹災したが、耐震・耐火の本建築が大林組の手で完成したのは大正十四年十一月であった。復興第一号といわれている(『主婦の友社の五十年』昭和四十年)。神田の商店街では一ッ橋通りの万崎洋服店の本建築が昭和になって完成し、古書店としては本郷一丁目の文求堂が支那風の設計の本建築を昭和のはじめに完成、続いて一誠堂が神保町の通りに地上四階・地下一階の堂々たる本建築を完成した(昭和六年)。古書店としては思い切った計画であり、震災後の同店の営業が順風満帆であったことを物語るものであったろう。しかし建築資金の大部分は復興建築助成株式会社から長期・低利で有利に融資されていたというが、その負担は決して軽くなかったであろう。冨山房の地上五階・地下一階の本建築がすずらん通りのもとのところに完成したのは昭和七年であった(『冨山房新築落成記念』昭和七年)。一誠堂・冨山房の二軒のほか、神田書肆街において、高層本建築を企てるものは不思議に出てこなかった。神田の書肆街の高層化の始まるのは第二次大戦後十数年を経てからであるから、この二軒の建築がいかに時代に先駆した大胆なものであったかがわかる。しかし昭和六、七年というのは、時期として見ると昭和初期の不況のどん底であって、労賃・資材すべてのものが下落しており、建築するには最適の時期であった。この時期を失した同業者が容易に追随できなかったのも当然であろう。

震災後の復興に際し、罹災した学校は郊外移転もいちおうは考えたが、一ッ橋の東京商科大学と蔵前の東京工業大学とだけが、国立と大岡山へそれぞれ移転することとなった。この二つの大学の被害率が非常に高かったのも、移転を決意した理由であったろう。神田にあった私立大学やその他の学校はほとんど移転をしなかった。その時駿河台方面に住んでいた華族や上流階級が大きな屋敷を捨てて山ノ手や郊外に移り出したので、その機会に、中央大学・明治大学・

日本大学などは、その跡地を手に入れて、駿河台で一斉にキャンパスをひろげることができた。

大正十年、駿河台に開設された西村伊作の文化学院も罹災したが、すぐ復旧できた。西村ははじめ学院をつくるに当たって所有財産の三分の一を投じるということを新聞などに発表していた。復興資金とその後の経営資金のために、山林を伐っていたが、不況で木材が下落したので不足となったためか、郷里の新宮にもっていた多くの不動産を次第に手放した。こうした犠牲があったからこそ、文化学院は、外部から補助を受けず、生徒に寄付金をもとめず、文部省の規則にしばられずに、男女共学など自由教育を行ない、教員に高給を出すことができたのであろう（西村伊作『我に益あり』昭和三十五年。『愛と叛逆―文化学院の五十年』昭和四十六年）。

華族では西園寺公と平田伯の二軒、学者では鈴木町の服部広太郎だけが、駿河台にとどまった。学者の佐佐木信綱・三浦新七なども駿河台に住んでいたが、震災前に本郷に移っていた。佐佐木の移った西片町は無事であったが、三浦は移っていた本郷元町で罹災し、多年ドイツおよび日本で集めていた貴重な古書を含む蔵書を喪失した。しかし三浦は再び書物を買い集めた。彼の蔵書は現在、一橋大学と郷里山形県の図書館に納められている。

旧西園寺邸は大正中頃新築されたものであったが、震災後は京都嵯峨の住友別邸の建物を移築して復旧し、西園寺公の没後、ここは中央大学に譲られた。中央大学は戦後しばらくは、研究所あるいは大学院の施設として使用しており旧観は維持されていたが、その後取り払って高層建築が取って代わり、昔を偲ぶものがなくなった（『住友春翠伝』昭和三十年）。

駿河台にあった病院の中には震災を機会に廃止されたものもあったが、ほとんどは復旧した。そしてその関係からか数人の高名な医者は、震災後も駿河台に住宅をもっていて、そのうちには三浦謹之助のように古書の蒐集を続けた人もあった。

多くの上流階級の人々が駿河台を捨てて逃げ出す中で、駿河台を捨てなかった一人の芸能人がいた。それは市川左団次(高橋栄三郎)である。彼は多くの芸能人のように築地方面に住まないで、いつ頃からか駿河台に住んでいたが、その間の事情は明らかにすることができなかった。彼の伝記類は、この点についてほとんどふれていない。左団次夫人が下谷出身なので、結婚後、桜木町あたりに仮住居した後、ここに新居をもったのかとも想像できるが、坂内熊治は『駿河台史』(昭和四十年)において、左団次はニコライの鐘のきこえるところといって、ニコライ堂の下に家をもったと伝えている。荷風はすでに震災前に左団次を駿河台に時々訪ねている。ことに大正八年から大正十一年まで毎年十二月五日には、左団次は小山内薫や荷風など、日頃親しくしている演出家・劇作家たちを必ず自宅に招いていた。神田に住んだため左団次は神田の古書店漁りをし、村口書房などを訪うて古書を集めていたことはすでに述べたが、震災で古書一切を焼いた。『荷風日記』によれば、震災後左団次は土地をさがしていたが、大正十四年十月に二百坪ばかりの土地を駿河台にもとめ建築を始めた。そして大正十五年十月十八日に左団次邸の新築披露を行ない、松竹幹部や劇作家などとともに荷風も招かれたことを『荷風日記』は記している。新邸は淡路町からのぼる坂上の角地面にあり、小川町から湯島へ開通した新道の東側で「門前西北の方にニコライの廃堂が屹立し」ていること、その建築や内部の装飾品、さては庭園の木石についてまで一々由来を記述している(「荷風全集」二十巻)。荷風は昭和時代になっても、しばしば神田の左団次邸のほか書店街を訪うている。書店街ではもっぱら三才社(一ッ橋通り)と仏蘭西書院(小川町)に寄り新しいフランス書を購うのが目的であったようである。荷風は戦争たけなわになって執筆・発表が困難となってからも、和漢洋書の蒐集・閲読を廃することなく、購入不可能な古書は借り受けて筆写し、そのため夜を徹したこともあった。さらに変わりゆく生活の変化や動揺する人心を余すところなく日記に書きつづった荷風の精進振りには、ただただ驚嘆するばかりである。

昭和はじめの出版界を見ると、それは円本で大きな旋風が惹き起こされた。改造社の「現代日本文学全集」は、震災で書物に飢えていた読者をつかみ、さらに一円という、いままでの観念では考えられない低価格を武器として大量生産・大量販売を可能とした。それを達成するために、誇大広告のほか新しい宣伝方法が種々考案された。これで行き詰まっていた改造社の経営が救われたばかりか改造社はこの成功による利益をもって、さらに雑誌『改造』の定価の大幅引き下げをこころみた。改造社の成功を見て、従来文芸物の出版を基盤としていた春陽堂と新潮社は、自社の出版の防衛の意味もあって類似の円本計画を樹てて競争した。円本計画は出版のあらゆる部門に波及し、種々の企画が樹てられた。昭和はじめにおけるこうした円本計画の続出は、激しい競争を惹き起こして種々の問題を生み、ついに倒産するものを出したが、古書業界に対しては、明治物ブームで価格騰貴を見ていた古書相場に対し、悪影響を与えたり、円本の投げ売りが現われるに及んで、打撃を受けたことは見逃せない。

この時円本ブームに巻き込まれなかったのは岩波書店で、同店はこれに対し「岩波文庫」と「岩波講座」とをもって対抗しようとした。前者はドイツのレクラム文庫に範をとったものであり、その格調の高い創刊の辞は三木清の筆になるものに岩波茂雄が筆を加えたものといわれている。講座「世界思潮」も三木などの企画であるが、成功したので、続々と新しい講座を出した。寺田寅彦・石原純など、良い科学顧問を擁して科学書の出版に力を入れていた岩波書店は、さらに多くの科学者を動員して、科学関係の各種の講座を企画して成功した。「岩波文庫」と「岩波講座」、この二つの企画は円本ブームが消え去った後も続けられ、すでに五十年以上の歴史を誇っている。これに対し春陽堂・改造社・新潮社なども文庫を始めたが、とうてい「岩波文庫」に対抗するに至らなかった。

昭和初期の出版界におけるいま一つの特徴は、社会科学関係の書物の出版の増加である。大正デモクラシーの後を受け、労働組合・農民組合運動の発展、普通選挙の実施、無産政党の出現、学生運動の高揚などを背景に、論壇・出版界にも社会科学ブームが起こった。出版では、円本時代の半ばに現われた「経済学全集」における河上肇・福田徳三両氏を看板とし大森義太郎・向坂逸郎が力を入れた改造社と、河合栄治郎・土方成美を中心とした日本評論社との二つの企画、「マルクス・エンゲルス全集」における改造社と五社連盟(同人社・希望閣・岩波書店・叢文閣・弘文堂)の対立で、その絶頂に達した観があった。社会科学書の出版では時局的な翻訳が多かったが、「マルクス・エンゲルス全集」の翻訳についで、「レーニン全集」「ブハーリン全集」などの翻訳も計画された。こうした中で神田にも、社会科学書を主とする新しい出版業者が現われてきた。希望閣・白揚社・南北書院・同人社・鉄塔書院などをあげることができる。鉄塔書院は岩波を出た小林勇の始めたものであり、幸田露伴・寺田寅彦・小泉信三など多彩な後援者の力で各種の良書を出したが、何といっても三木清・羽仁五郎の強い支持があり、月刊雑誌『新興科学の旗のもとに』を出して華々しかった。同人社は実質は大原社会問題研究所の出版部であり、同研究所の出版を独占的に出し、手堅い経営を行なっていたが、昔、田口鼎軒の出した人名辞書の復刻、「鼎軒全集」などを出したが、これらは内容は良いが時代の需要に向かないのであまり売れず、経営に行き詰まり、岩波書店・栗田書店によって収拾された(昭和九年)。取次店からスタートした栗田書店は、昭和時代になって出版に手をつけたが、同人社の営業を譲り受け、大原社会問題研究所の定期刊行物や、その他の出版物を出し始め、ことに左翼出版物が弾圧された後も、高野・大内・森戸など同研究所の人々による「統計学古典選集」(昭和十六年)など学術書の出版を継続していた。既存の出版社のうちでは、岩波書店が次第に社会科学の出版に力を入れ始め、「岩波文庫」に河上肇の『資本論』やマルクス、エンゲルスなどの翻訳を入れ始めたが、同店の社会科学書出版として歴史に残るのは、岩波講座のシリーズの一つと見られる「日本資本主義発達史講座」であって、これに集まった人々が「講座派」と呼ばれるようになり、講座派と雑誌『労農』の同人の労農派との間に日本資本主義論争が惹き起こされた。社会科学書の出版では、先駆者として知られていた京都の弘文堂も、昭和になって東京に進出してきた。その推進者は東大法学部を出た二代目八坂浅太郎で、弘文堂ははじめ淡路町のシネマパレスの付近に事務所をおき、後に聖橋に近いところに移った。しかし、東大出身の八坂は、社会科学書においては従来の河上肇、『社会思想』同人の人々以外に積極的にふみ出すことをこころみず、あくまでアカデミズムにふみとどまり、河上肇が京都大学をやめて実践活動に深入りするにつれ、出版活動の重点を人文科学に転換し、京都学派と呼ばれるようになった若い西田・田辺門下の人々をつかまえ、哲学・中国史学・法律学を中心にして発展させていった。八坂父子の経営者的本能あるいは感覚が、時代の転換をいち早く察知して巧みな転身をしたものといえるであろう。河上とその家族の困難を避け通した八坂父子と、国難に赴いた郭沫若の日本に残された妻子に対し、ひそかに生活費と学資を文求堂の田中慶太郎とともに贈り続けた岩波茂雄とは、ゾンバルトのいわゆる「国士と商人」の差があったように思える。

神田の古書店街での震災直後のブームの落ち着いた後の状態を見ると、古書の取引については、店頭売りよりも、より積極的な販売政策の採用が目立ってきた。その一つは学校・図書館など、個人以外の顧客に積極的な売り込みを行なうものと即売展の開催であった。前者については、相手方は公的機関であるといっても、それぞれ特定の個人関係を基礎に行なわれたことは忘れてはならない。学校関係では、法文学部を新設した東北大学・九州大学、新たに開設された京城大学・台北大学などであり、巌松堂・北沢書店などが、これらの大学への納入にとくに力を入れ、大きな商売をした。そのため支店や出張員を外地におくこともした。巌松堂と台北大学の幣原坦・村上直次郎、北沢書店と京城大学の服部宇之吉などの関係は有名であった。

図書館関係では震災後、全国官公立図書館の充実の必要の声が大きくなった。たまたま日本図書館協会会長が南葵文庫庫主の徳川頼倫侯であり、当時頼倫侯は貴族院副議長として徳川家達議長を助けており、さらに研究会の有力者として政界に大きな勢力があった。出版業者や古本業者は図書館の充実のため予算の増額を運動し、それが図書館協会の決議となり、政府に持ち込まれ、徳川侯などの努力で、緊縮予算の時代にもかかわらず、この予算増額はみとめられた。この形勢を見て取ったのが一誠堂で、幸いそれまでに一誠堂は総合的・組織的な『古書籍目録』を出版しており(大正十四年十一月)、まずそれを図書館・大学などにくばり、さらに一般公共図書館のための基準書目録を東京市の日比谷図書館が作成していたのを、許可を得て復刻し、これを全国図書館にくばって、積極的に注文を取った。日比谷図書館・駿河台図書館・京橋図書館などが同店の良い顧客だった。要するに個人の顧客から大きな予算をもった公共機関の顧客への重点の転換が、昭和初期の古書業界の問題であったのであるが、しかしそれはすべての古書店に可能というわけでなく、相当な資本と有能な従業員をもつ大規模な組織でなければば不可能で、その点多数の有能な店員を擁していた一誠堂と巌松堂はとくに有利であった。一誠堂の『古書籍目録』に対し、巌松堂も『古書在籍目録』(昭和二年)と大きな『日本志篇』(昭和三年)という目録を続けて出した。二つの目録は、それぞれ両書店の営業や経営政策の特徴を表わしていて興味がある。一誠堂の場合、古書目録のために書誌通として知られた神代《こうじろ》種亮などを嘱託として迎えていたことが知られている(永井荷風『濹東綺譚(作後贅言)』「荷風全集」九巻)。

なお南葵文庫の庫主として、多年その運営に経験のあった徳川頼倫侯は、図書館は個人で経営・維持することの困難さを充分承知していたと思われる。震災で東大が図書館・蔵書を喪失したのを知り、復興のために、南葵文庫をそっくり寄贈した。侯一人の決断で、誰にも相談せず、高木文やその他の館員などは新聞ではじめて知ったといわれている。この文庫は、明治半ば以来、頼倫侯が種々の文庫を買って蔵書を増加し十万冊になっており、百五十万円以上の資金をそれまでに支出していた。文庫の内容について、若干批判も行なわれたが、ともかくそれだけの大きなライブラリーの寄贈は美挙といわなければならないが、間もなく頼倫侯は逝去された。さらに数年経たぬうちに紀州徳川家は財政を整理しなければならなくなった。一般美術品は両三回に分けて東京美術倶楽部で公開入札に出されたが、南葵文庫に入れられていなかった骨董的価値のある貴重な古書や、侯が日常手もとにおいておかれたものは、何回かに分けて業者に入札・売却された(反町茂雄「名家大口売立会を中心に」『東京古書籍組合五十年史』)。

紀州徳川家の和歌山にもっていた図書・古記録類は廃藩の時、和歌山県に移管され、現在和歌山大学と和歌山県立図書館に所蔵されているときいている。頼宣公が駿河中納言として相続し、後に紀州に持ってきたと考えられる朝鮮渡来の古活字を若干含む多数の古銅活字は、いわゆる駿河版（『大蔵一覧』『群書治要』など）出版の際、製作・使用されたもので、まことに貴重なものであり、それは維新後、東京の紀州徳川邸に持ってきていたが、南葵文庫解散後、昭和十五年に凸版印刷株式会社の所有となり、昭和三十七年に重要文化財の指定を受けた。これがどのようにして紀州徳川家から凸版印刷の所有となったかの経過については、私は詳らかにしていない。徳川頼貞侯の集められた音楽図書および楽譜のコレクションは海外にも知られており、種々の変遷があったようだが、ともかく分散せずに保存され、南葵音楽文庫として日本近代文学館で閲覧できるのはよろこばしい。かつて徳川一門中、あるいは旧大名華族中、もっとも富裕を誇っていた紀州徳川家もいまはない（高木文「南葵文庫の興廃」『好書雑載』井上書店、昭和七年。国立国会図書館『全国特殊コレクション要覧』改訂版、昭和五十二年）。

南葵文庫庫主徳川頼倫侯
（高木文『好書雑載』より）

古書販売方法の第二の変化は、共同即売展の普及である。共同即売展の始まりは、明治の終わり横浜であったといわれている。大正時代、東京の青山または神楽坂で席亭を利用して行なわれるようになった。徳富蘇峰・吉野作造などがその常連として知られていた。震災後はそれがひろく行なわれるようになり、神田南明倶楽部がはじめて利用されるようになった。即売展への参加は、大勢の客を集め、正札で現金取引を原則としていて、業者にはなかなか魅力があるが、反面、業者にとって大きな負担がある。開催ごとに、客を引きつけるだけの古書を集めて展示しなければならない。そして各参加業者は一々の書物について、書名のほか著者・発行所・発行年次・価格をかかげるリストをつくり、それを全参加メンバーから集めて、共同カタログを作成し、事前に顧客に送らなければならないのである。即売展を共同でなく単独でやるものも出てきた。それから即売展を単独または共同でデパートを会場として行なうことが始まった。デパートでやると、相当の手数料を支払わねばならない。それだけ売価を高めることが必要となってくるので、これは客にとって不利である。むろん古書業者の方で、マージンをいくらか引き下げて客への転嫁を少なくすることも行なわれることもあったが、そもそもデパートで取り扱ったからといって、古書の内容が高まるということではないので、他の商品と同一に取り扱って、書物に高いのれん代を要求するデパートの態度も再考を要しよう。

昭和時代の初期に書籍取引において外国書の輸入業者の激増という現象が起こった。それは第一次大戦後の外国通貨の価値の下落、インフレーションの発生、とくにドイツのマルクおよびフランスのフランの暴落の結果であった。外国書の輸入は明治時代から一九二〇年頃まではほとんど丸善の独占的業務だった。マルクとフランの暴落は大きい為替差益が生まれることになった。丸善は為替差益の還元に慎重であり、大きな差益の存在は、貿易関係に経験のある人の着目するところとなった。英米の出版業者は従来の実績を尊重し、並行輸入をみとめず、日本からの新規業者の取引申し込みを容易に受けつけなかったが、ドイツ、フランスの業者の態度はいささか違った。その上ドイツ政府は賠償支払いのため外国為替の獲得に熱心で、書籍の輸出を奨励する政策をとった。そこに新規の輸入業者が割り込む機会があったのだ。

新規な書籍輸入業者になり、成績をあげるには、貿易の知識があるか、書籍取引に経験あるかどちらかでなければやれない。丸善の従業員にはそれらの二つの条件を備えているものが多く、大きな人材の供給源で、デパートの洋書部は多く丸善をやめた人々を登用した。大正時代に洋書部を設けた白木屋デパートには旧丸善の従業員が入って、新洋書の輸入を行なっていた。一般書のほか、ドイツ版のコミンテルン関係のものがよく店頭にあった。三越デパートも、もと丸善にいた玉井という人を入れて洋書部を設け、フランス書が多かった。貿易関係から入ってきた人の開いたのは国際書房である。これは、三重県三重郡三重村出身の服部春一が第一次大戦後に神戸で始め、京都に、次いで東京に店を出した。彼は明治四十四年の東京高商専攻部出身で、三十四銀行に入った。その頃この銀行には東京高商教授をやめた滝本美夫がいた。服部は第一次大戦中に銀行をやめて、友人の経営する伊藤企業株式会社に入って貿易をやっていたが、戦後の恐慌で破綻したのでやめ、ドイツの貿易商社ハインリッヒ・ホフマン（ブレーメン）との関係をもとにドイツ書の輸入を自ら始めた。大正九年であった。大正八年に東京高商専攻部を出た弟の服部正喬が兄の仕事に加わった。国際書房は震災後東京に出てきた。当初は九段中坂のビルの一室を借りていたが、昭和二年に駿河台下に店舗をもって神田書肆街に登場した。春一の死後正喬が後をつぎ、ドイツの新古書の輸入を主たる業務として、第二次大戦による外国書の輸入杜絶、占領など幾多の風雪・波瀾に耐えてきた。大正後半から昭和のはじめにマルク、フランのインフレーションに乗じて現われた外国書の輸入業者、第二次大戦後、外国書籍貿易自由化の波に乗って続出した多数の業者が、ともに次第に淘汰されていった中で、国際書房は、確固たる地位を維持しており、服部正喬は、いまでは業界の最長老の一人として尊敬されている（服部正喬『洋書輸入五〇年思ひ出ばなし』昭和四十五年）。

洋書の輸入業の増加・繁栄とともに洋古書の取引も順調に発展してきた。業者間の取引は洋書後楽会の主催する月三回の定期市を中心に行なわれ、昭和時代になると会員の数は三十前後に増加した。業界の大先達であった野田園五郎が逝き、堅木屋もいつの間にか消えた。それらに代わって松村音松とか鴨志田要蔵とかが洋書市の中心となって後楽会の世話をしていたが、松村音松が昭和十四年に六十九歳で、後楽会の有力メンバーになっていた一誠堂の酒井宇吉が五十四歳の働き盛りで逝った。その頃の洋書後楽会の大きな売り立ては、昭和九年の伊藤長蔵コレクション、昭和十三年の言語学関係の藤岡勝二博士のコレクションなどであった。富岡鉄斎・謙蔵二代のコレクションの売り立ては記録をつくる大売り立てであったが、その中には謙蔵の集めた良い洋書が入っていた。藤岡博士の入札では進省堂が大量に落とした。これを機会として進省堂の養子三郎は、和洋折半という従来の営業方針を、言語学・文学を中心とする外国書専門に切り換えていった。古くから洋古書を取り扱っていた松村書店が、美術書その他を中心とする外国古書専門店に切り換えたのは、次代の松村龍一時代になってからのことである。これらに対し本郷の東大前の郁文堂は、早くから外国語とくにドイツ語古書を多く取り扱って知られていた。

昭和になり、神田古書街の経営の近代化は急速に進むことになった。しかしそこで働く人は、まだ和服が多かった。洋服の普及は徐々にであった。従業員の休日の制定、その他の労働条件の近代化は遅れていた。それが爆発したのは、昭和三年三月の岩波書店と巌松堂の店員ストライキであった。こうした問題に正面から取り組んだことのなかった経営者は狼狽したが、前向きに取り組み、ともかくながら引くこともなく解決し、労働条件は改善され、近代化が一歩進んだ。古書店は何といっても従業員の数が少なく、その意味ではまだ小企業・家族企業であった。共同印刷の大きな争議が起こったのは二年前の大正十五年の春であり、丸善の激しいストライキの始まったのは一年後の昭和四年の春のことであった。これらの争議はそれぞれまったく孤立したものなのか、どんな関連があったのか、詳しいことは研究していない。

神田の場合、従業員の多いのは古書部のほか出版部・小売部・外売部などをもっていた巌松堂であったが、同店では、中年以上の店員の待遇が良くなかった。古書部の従業員などは数年勤めると、みな店を去った。それも無理にやめていくのであり、円満退職という形式でなかった。文生書院の小沼福松、雄松堂の新田勇次の場合などもそうであって、いずれも働き盛りでやめている。西塚巌南堂だけはそうでなく、働くだけ主家で働き、独立した時はのれん分けのかたちであった。それは店名や店舗の位置からも察せられる。西塚が神保町の表通りに店を構えるための権利金の融通についても、巌松堂主人波多野が配慮したときいた。こうしたことは特別の計らいで、西塚の人柄のしからしめたところかもしれない。これに対し一誠堂の場合、従業員の数が少なかったこともあったろうが、店主酒井宇吉夫妻の人柄のしからしめるところによるものであろう。働く時も気持よく働き、やめるときも円満にやめ、何軒かは神保町で古書店を始め、主家と軒をならべて競争しながら共存共栄している。今日駿河台下から神保町の間にならんでいる書店の半分近くが一誠堂グループ、酒井の一族かその店の出身者で占められており、壮観といわねばならない。すでに大震災前に、神保町通りには一誠堂のほかその兄弟の店が二軒あった。それから一誠堂から独立した悠久堂・一心堂などもあり、いずれも罹災したが、すぐ復旧した。それから大正十四年には東陽堂が近くに店をもった。昭和七、八年に反町・八木が順次独立した。反町だけが神田に店をもたなかった。昭和十年前後に山田・小宮山が独立し神田に店をもった。十六年に洋書部の主任をしていた佐藤が独立して、崇文荘という小さい店を巌松堂の西側に開き、洋書をもっぱら取り扱った。

巌松堂から独立した人々のうち神田に残っているのは、昭和十一年に店をもった巌南堂と洋書部にいた東邦書房の二軒でないかと思う。昭和六年に店を出た雄松堂の新田勇次も三崎町に店をもった。彼は懇意にしていた斎藤昌三の指導で、はじめは明治文献に力を入れた。店名の「雄松」も斎藤の命名だった。しかし、こうした文献をもとめる人はかぎられていて、販路の狭いことに気がついた。折から社会科学の研究が日本資本主義経済を対象とするようになり、その方面の基礎資料の要求が高まってきているのに着目した。それを集めて、金の少ない学者たちの研究に協力した。「講座」その他に発表される彼らの研究に、若い新田が共鳴したものであろう。やがて社会科学の研究にまで弾圧がひろがり、左翼文献に対する取り締まりが次第にきびしくなった。ちょうど大陸中国・東南アジア関係の書物の需要の起きてくるのを見て、それに力を入れ出した。新たに開設された東亜研究所は豊富な予算をもって、持ち込まれる書物を片っ端から買いまくったが、そこに集められた書物や資料は、整理して利用することなしに終戦となり解散した。非常時体制が進行し、国会で永井柳太郎が日本全土をして軍需工場たらしめよなどと大演説をしたり、生産力拡充が国家の緊急要請となるのを見て、いままでの研究報告や資料類では役に立つまいと、新田は営業方針を一変し、工業技術書や関係技術雑誌のバックナンバーの蒐集に狂奔して、軍部・官庁・工業研究所などの需要に応じているうちに、二十年四月、空襲で店は焼かれた。そこで、東京を去って、郷里に疎開している家族と合流し、終戦を迎えた。

戦後東京にかえってきて、時代の要求もあり売物もあるので洋書の古本を取り扱っていたが、買手を見ていると高年齢層の人が多い。将来を考えると、これらの人々はすぐ老人となり、書物を必要としなくなるだろう。新しい需要、新しい供給を開発しなければならないと考えた。そこで営業対象を、輸入新本に切り換えようとした。折よく二代目が早大を卒業し、アメリカに赴いて古書の業務を見習ってきた。いままでの国内の取引から外国新古書の輸入という国際取引に転換していった。その後は海外のオークションに参加して、古書のほか原稿・筆跡その他を輸入するなど、活動分野をますますひろげている。彼の履歴を見ると、実に時勢を見るに敏で、常に市場調査を心がけ、商機を巧みにとらえて、業務を転換させて成功してきた。父子二代の共同、世代の交代もスムースにいっている(「新田勇次回顧聴取書」)。

昭和になって神田の書肆街では、経営者の世代の交代が起こってきた。明治初期創業の有斐閣や博文館・東京堂では、明治時代の終わりに二代目が後をついでいた。明治後期の創業の書店では、震災前後から若い世代が次第に育ってきた。子弟の多くは中学校から神田の私立大学に進んだが、商科大学・大倉高商に学んだものもある。中には震災で復興のため、学業を廃して家業についたものもあった。東大出身は明治時代は有斐閣の二代目をついだ養子だけであったが、有斐閣は昭和になり、再び養子を迎えた。三代目をついだ江草四郎も東大出身だが、法学部出身で内務官僚であった。彼は家業をつがないという了解であったようだが、昭和初年、円本戦争の渦中で、法律書出版においても従来の競争者に加えて、京都から弘文堂が進出してきたほか、新たに日本評論社が、末弘厳太郎を擁して『法律時報』を出したり、「法学全集」を出すなどして攻勢の高まるのを見て、四郎は官を辞し、老父を助ける決心をした。老父は間もなく社長を若い四郎に譲って自由に営業させたが、古くからの従業員のいる中で彼はいろいろ新しい企画を打ち出し戦中・戦後を通じ商権を護り、拡大することに成功した。ことに第二次大戦後は岩波・波多野・日本評論・弘文堂など、古くからの競争者が法曹関係書においては戦前の勢いがなく、ひとり有斐閣は順調に業績を伸ばしていった。とくに我妻栄・宮沢俊義を中心とする実用法律雑誌『ジュリスト』を創刊して大きな成功を博した。

巌松堂では波多野の次男は東大を出たが、事業は長男がついだ。岩波では創業者の茂雄は一高・東大専科を出たが、昭和になり、長男・次男が東大に入った。長男が死に、次男雄二郎が、父の死後、業務をつぎ、株式会社化して経営陣をかためることができたが、義兄の小林勇が若い社長を助けて戦後の新しい発展を図った。

ともかく神田では早くから二代目がほとんど高等教育を受けたということは、書肆街の近代化を進めるのに役立ち、事業を発展させるために貢献したことは間違いない。経営者の子弟で東大に進むのがまだまれな時代において、東大卒業生が、昭和になって古書業界に幾人か自ら進んで入ってきた。その先頭を切ったのは、一誠堂に昭和二年に入った反町茂雄である。彼はやはり長岡の反町家の出であるが、東大法学部を出た後に出版業を志し、そのため古書店に入って修業しようとした。岩波も一誠堂も彼を受け入れなかったが、後に一誠堂酒井宇吉の弟の十字屋主人や東陽堂の世話で、三年間という期限付きで一誠堂に入ることができた。住み込みで他の若い従業員と起居をともにした。店に出る時は角帯姿であった。羽織やハッピは着ていなかった。努力の人であり、するどい商才をもっている彼はたちまち店の中心となり、古書について深く研究し店の推進力となり、やがて支配人に抜擢され高給をもらった。酒井は彼に相当自由に商売させた。彼は研究心が強くまた組織力があり、主人の了解を得て従業員で和書研究のための「玉屑《ぎょくせつ》会」を結成し、古典和書の研究をし、毎月一回学士会館で各自の研究したところを発表し、それをさらに原稿にして、『玉屑』という機関誌を発行した。彼は昭和七年に一誠堂を辞して独立した。彼は店をもたず、弘文荘という名で通信販売を主とし、かたわら特殊な出版を始めた。その頃彼が出した土屋喬雄・玉城肇共訳の『ペリー遠征記』などは、造本・印刷ともに秀れたものであった。しかし彼の主力は古書の通信販売にあった。彼は仕入れからその商品の研究、評価、解説、カタログの製作、売り込みまで一人でやった。独立してからもおそらく彼は常人の二倍以上働いただろうと思う。立派な目録を発行した。彼は一誠堂時代から幾人かの有力な顧客をもっていた。中でも安田善次郎、天理教真柱中山正善、朝日新聞社主上野精一などは、昭和初期の善本の最大の買手であって、いずれも立派なコレクションをつくった。不幸にして安田コレクションだけは散逸したのか、終わりがわからない。中山正善の集めたものは天理図書館を形成し、上野コレクションは、第二次大戦後、あげて京都大学経済学部に整理基金つきで寄贈されることになり、整理の進行につれ順次『目録』が発刊され、終わりを全うしている。中山は戦後も、多くのコレクションが手放され市場で売り立てられる過程で、ひろく内外で良書を漁って蒐集を続けた。眼識・資力・時機の点でめぐまれた蒐集家であって、今後もおそらくこれだけの大コレクターは日本で出ることはなかろう。まことに不世出というにふさわしいコレクターであった。彼の蒐集に協力した幾多の古書業者のあったことは忘れてはならない、中でも反町の協力・寄与が大きかったことは万人がみとめている。その詳しいことについて語るいとまはない。ただ一つだけあげるならば、太平洋戦争開戦直前、天理図書館は京都堀川の伊藤家古義堂のもっていた伊藤家代々の著書およびその原稿・版木、古義堂関係の諸記録・蔵書一切を、反町の力で引き取ることができた。これは天理図書館にとっても古義堂にとっても、良い取引であったろう。仁斎以来、伊藤家代々が守り続けてきた古義学派関係の一切のものが、散逸することなく天理図書館に納まり、安住の場所を得たことは、ひろく学界のよろこびとするところであり、中山の決断をたたえたい。今日ひとり古義学派の研究だけでなく、きりしたんのわが国への伝来を研究するには、天理図書館を無視できない一事をもってしても、これをつくった人の大きさをうかがうことができる（「反町茂雄回顧聴取書」）。

(『東京古書籍組合五十年史』より)

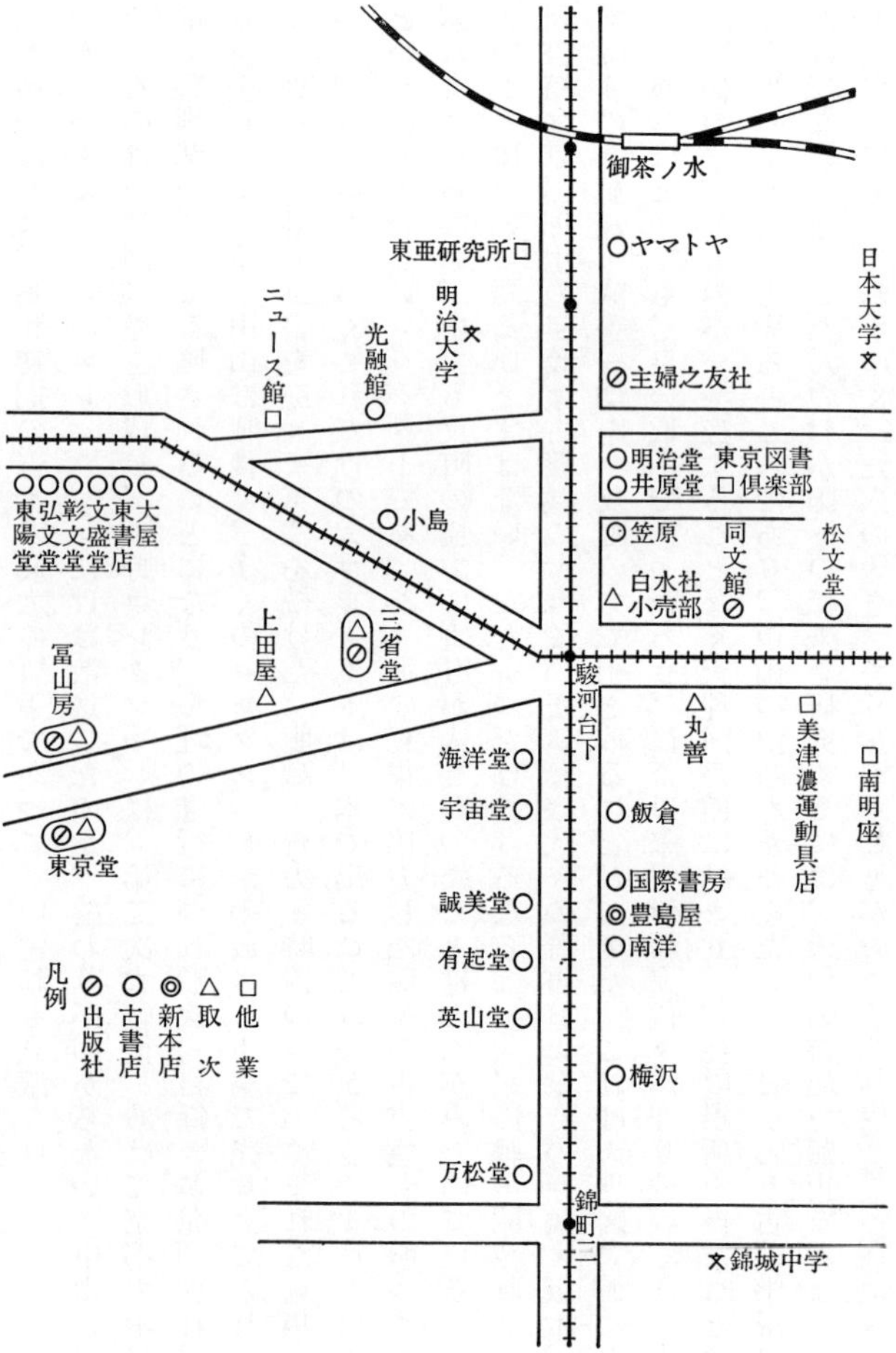
御茶ノ水
東亜研究所
ヤマトヤ
日本大学
明治大学
光融館
ニュース館
主婦之友社
明治堂
東京図書倶楽部
井原堂
東陽堂
弘文堂
彰文堂
文盛堂
東書店
大屋
小島
笠原
同文館
松文堂
白水社小売部
上田屋
三省堂
冨山房
駿河台下
丸善
美津濃運動具店
南明座
海洋堂
宇宙堂
飯倉
東京堂
国際書房
誠美堂
豊島屋
南洋
有起堂
英山堂
梅沢
凡例
出版社
古書店
新本店
取次
他業
万松堂
錦町二
錦城中学

神田の古書店(東部)昭和14年

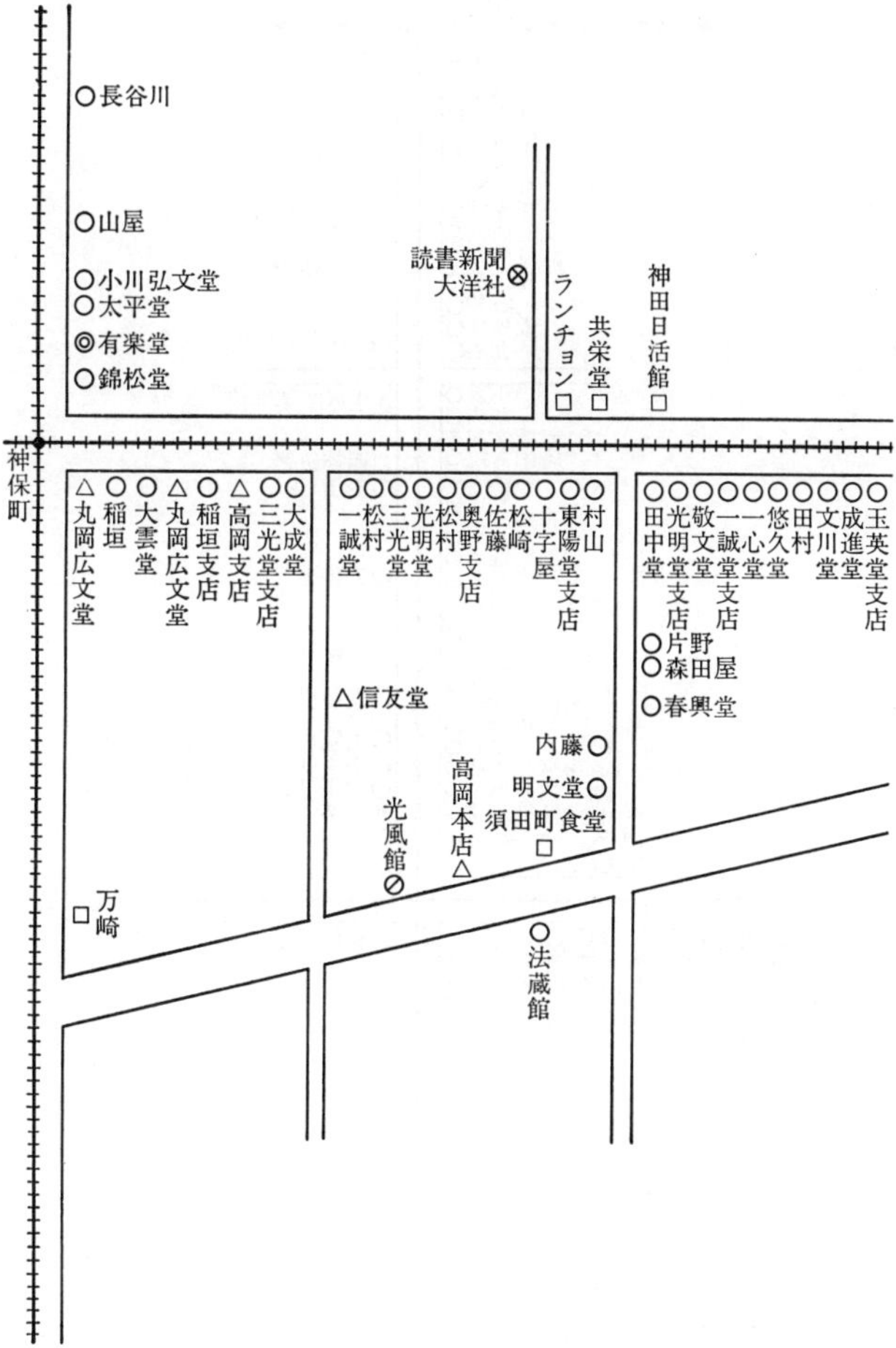
長谷川
山屋
小川弘文堂
太平堂
有楽堂
錦松堂
読書新聞
大洋社
ランチョン
共栄堂
神田日活館
神保町
丸岡広文堂
稲垣
大雲堂
丸岡広文堂
稲垣支店
高岡支店
三光堂支店
大成堂
一誠堂
松村
三光堂
光明堂
松村
奥野支店
佐藤
松崎
十字屋
東陽堂支店
村山
田中堂
光明堂支店
敬文堂
一誠堂支店
一心堂
悠久堂
田村
文川堂
成進堂
玉英堂支店
片野
森田屋
春興堂
信友堂
内藤
明文堂
須田町食堂
高岡本店
光風館
万崎
法蔵館

（『東京古書籍組合五十年史』より）

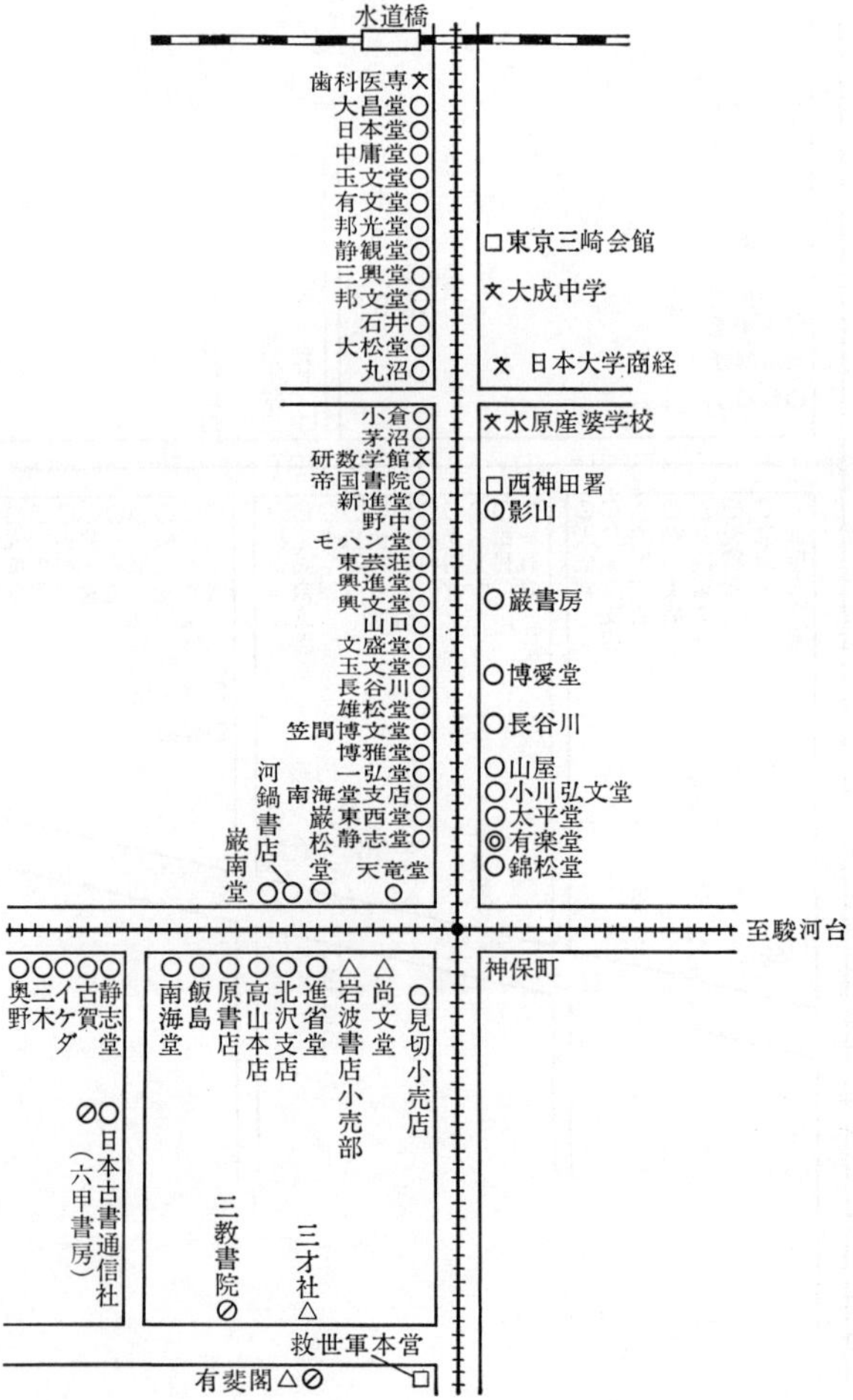
水道橋
歯科医専
大昌堂
日本堂
中庸堂
玉文堂
有文堂
邦光堂
静観堂
三興堂
邦文堂
石井
大松堂
丸沼
東京三崎会館
大成中学
日本大学商経
小倉
茅沼
研数学館
帝国書院
新進堂
野中
モハン堂
東芸荘
興進堂
興文堂
山口
文盛堂
玉文堂
長谷川
雄松堂
笠間
博文堂
博雅堂
一弘堂
南海堂支店
東西堂
静志堂
河鍋書店
巌南堂
巌松堂
天竜堂
水原産婆学校
西神田署
影山
巌書房
博愛堂
長谷川
山屋
小川弘文堂
太平堂
有楽堂
錦松堂
至駿河台
神保町
静志堂
古賀
イケダ
三木
奥野
日本古書通信社（六甲書房）
南海堂
飯島
原書店
高山本店
北沢支店
進省堂
岩波書店小売部
尚文堂
見切小売店
三教書院
三才社
救世軍本営
有斐閣

神田の古書店(西部)昭和14年

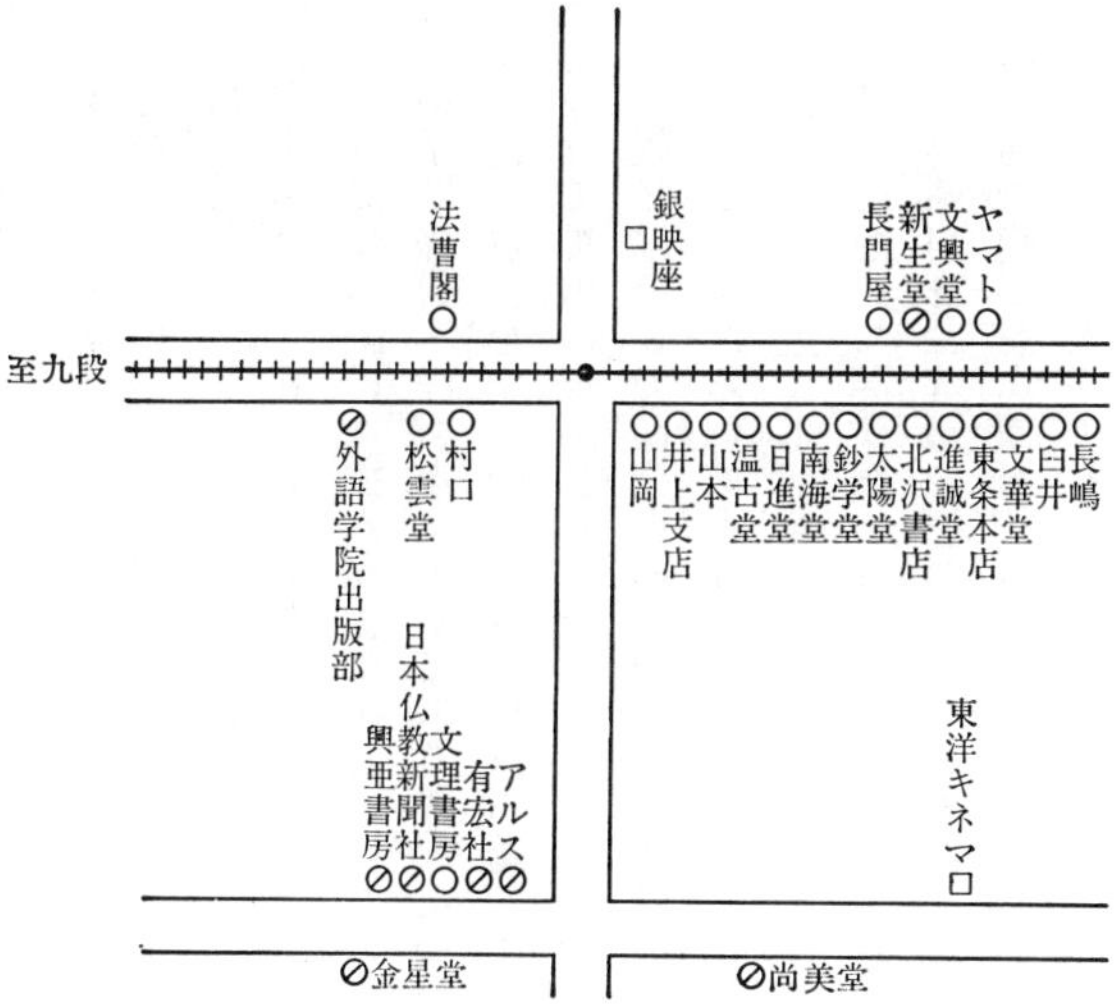

反町は法学部出身だったが、東大経済学部の卒業生が反町に続いて古書業界に入ってきた。昭和三年卒業の島崎八郎と昭和四年卒業の武井一雄である。島崎は一時銀行に、武井は『東京日日新聞』に入っていたが、一家をもっていた島崎は銀行の給料では生活できぬので、また武井はレッドパージで新聞を追われたので、ともに転身したといっている。島崎は本郷赤門前に島崎書院を開き、武井は本郷一丁目の文求堂でしばらく見習いをした後、京都に赴いて加茂大橋東に入る今出川通りに中国書を主とする臨川書店を開いた。武井が京都をえらんだのは、文求堂との競争を避ける配慮からだったといっている。島崎書院には主人が大学出身というので、東大の関係者や学生の立ち寄るものが多く、社会科学関係書・洋書を主として取り扱っていた。島崎は弟のプロレタリア作家島木健作の関係や左翼書の取引をするので、警視庁から絶えず圧迫を受けていたが、昭和十四年に神保町に支店を設けて神田に進出してきた。二十年三月の空襲で本郷の店は焼けたが、神田の店は残ったので、戦後はそこで商売を続けた。はじめは売る本がなく、電熱器などをならべていたというが、ともかく本なら何でも売れるので、次第に業務が発展してゆき、洋書専門店として知られてきた。そして近くに店を買って喫茶店ラドリオを兼営するようになった。男の子二人のうち一人は慶応を出て開業医となり、一人は芸大を出てデザインを研究し、多摩美大の教授となったが、島崎自身は健康を損ねたので古本商売をやめ、眼科医の子供がその跡で開業し、彼は自適の生活で晩年を送った。しかし老未亡人の経営する喫茶店ラドリオは相変わらず繁盛しているが、そこに出入りする大勢の若い男女は昔の島崎書院や島木健作を知らぬのが大部分であろう。なくなった筑摩書房の古田晁はじめ近所の出版社や古書店の人々もよく入っているが、時々老教授が入ってきて、きまった席に静かについて昔を偲んでいるらしい姿も見受けられる(『回想の古田晁』昭和四十九年)。

昭和十四年の神田古書店地図は古書店・新本店・出版社などの神田における分布を三つの地域に分けてしめしたものである。昭和十四年というのは、太平洋戦争前に神田書肆街がもっとも発展していた時期である。この三つの地図では、駿河台下から神保町交叉点に至る南側に三十五軒、そこから俎橋までの南側に三十軒、神保町交叉点から北へ水道橋駅までの間の西側に三十二軒が軒をならべている。神保町を中心に三方向に九十七軒、もし神保町交叉点に近い神保町・三崎町の数軒ずつを合計すると百十四軒となる。神保町から水道橋駅に至る間は震災後昭和になって、ぼつぼつ古書店が増加し始め、昭和十年前後からさらに増加して三十軒以上に達したのである。大正時代、震災前は三崎町通りは東側に古書店が多かった。三崎町に新しい店を開くものが多くなったのは、神保町の南側では昭和十年頃には古書店が飽和状態に達したからである。もしここで店舗を手に入れようとすれば相当の権利金を出さねばならなかった。三崎町通りはその点まだ後進地で、権利金は取らず、わずかの敷金(二、三ヵ月)か前家賃で借りることができた。これが、独立してはじめて店をもとうとする若い人には、大きな魅力だった。東側よりも西側をえらぶ店の多かったのは、日本大学や水道橋駅の位置が西側にあり、人通りが西側に集まるようになったためであろう。三崎町通り三十二軒のうちには、巖松堂をやめて独立した人の店が五軒あった。一誠堂から独立した人々がすぐ権利金の高い神保町の表通りに店をもつことのできたのは、店主酒井の配慮もあったろうが、それらの人々は主として長岡出身で、それぞれ郷里から相当の援助を受けることができたからだという見方もある。

昭和十四年夏にはノモンハンの戦いが起こり、九月にはドイツがポーランドに侵入して、第二次世界大戦が始まった。昭和十六年には独ソ戦・太平洋戦争が始まり、ドイツも対米宣戦を布告した。戦局の拡大とともに、出版は急速に困難となった。交通運輸の混乱、統制から取次の業務も困難となってきた。出版・流通の全面的統制、ことに取次はすでに寡占状態になっていたので、統合は容易・簡単と見られたか、徹底的に統合が強行され、大取次は解消し、全国一本化にされた。他方多くの作家や評論家は執筆を禁止され、生活の糧を絶たれた。『改造』『中央公論』という二つの代表的な総合雑誌は自発的に発行を停止させられた。古書店の苦難は古書の公定価格の制定から始まった。左翼書や執筆禁止作家の著書は、すべて店頭から一掃され、捜索は何回も繰り返されて、その都度多数の書物が持ち去られた。新刊書が少なくなり、新本屋も古本屋も次第に売るべき書物がなくなってきた。そして、召集・勤労動員が跡を絶たなかった。徴用を避けて自ら商売をやめ、軍需工場に働きに出かけた古本屋もあった。戦争末期には老人と女子が残されて店を守っていた。そのうち店を閉じて田舎に逃げかえるものも出てきた。戦時下の古書店の苦悩を象徴的に示すものとして、『日本古書通信』の運命を回顧しよう。これは昭和八年末に一誠堂をやめた八木敏夫が昭和九年一月から始めた、同業者相手の古書市場相場の通信であった。富樫栄治の『大阪古本市場通信』の経営を引きついだもので、特色のある業界誌として、多くの人に重宝がられていた。読書関係の専門誌はながく続かないのが業界の伝統で、丸善の広告機関誌『学鐙』は唯一の例外とされていた。『日本古書通信』には、反町はじめ多くの業界人や愛書家の援助・協力があったにしても、『日本古書通信』を確立したことは八木の才能と努力によるものとみとめなければならない。雑誌統合に際しては、こういう特異な雑誌には、統合するにも相手がないと陳情し、休刊中の一、二の俳句雑誌を買収しただけで、小さい業界誌としてしばらく見逃されていたが、後には統合が必至となり、全国古本屋連合の刊行していた『全国古本販売目録』と統合し、昭和十六年十二月に『読書と文献』と改題し、その後も唯一の古書文献誌として発刊をみとめられていた。昭和十九年春、八木敏夫が応召し、弟の福次郎が後を引き受け経営していたが、十九年十一月になって東京への空襲が始まり発行が困難となったので、「休刊の辞」をかかげて、十九年十二月末、創刊以来十一年、百七十二号(『読書と文献』と改題以来三年一ヵ月)でもって休刊とし、八木福次郎は郷里の兵庫県明石にかえった。八木敏夫の復員がおくれたこともあって、『日本古書通信』の復刊したのは昭和二十二年六月(月二回刊)であった。

しかしすべての人が、小羊のごとく戦争へ、戦争へと駆り立てられたり、田舎に逃げかえっていったわけではない。戦争激化とともに抵抗や犠牲者があった。しかしここでは神田で見られた一、二の例をあげておこう。すでに岩波書店は昭和十三年秋に「岩波新書」を始め、第一回二十点を同時に発行した。定価は五十銭だった。それは前年イギリスで始められ、出版界に革命をもたらすことになった、アレン・レインの「ペンギン叢書」に範をとったことは間違いない。書き下ろしという点では、ペンギン社がすぐ始めた「ペリカン叢書」または「ペリカン・スペシャル」に近いということができる。すでに岩波文庫をもっていた岩波では、ペンギンのもっていたペーパー・バックスその他の革命的な意義を意識していたかどうかはわからない。戦後「新書合戦」が起こって日本でもペーパー・バックス革命の意義がひろく理解されることになったのであろう。「岩波新書」のもっていた重要性は、その形態よりもむしろ、第一回発売の劈頭にもってきたクリスティー著・矢内原忠雄訳の『奉天三十年』にあったことは明瞭である。それは「満州事変」以来の日本の「満州」侵入に対する抗議であった。ことに訳者に矢内原を起用したことは、彼が戦闘的クリスチャンとして反戦的な立場をとって、すでに前年東大を追われていたことに対する強い同情の現われであった。これは岩波の、時局に対する小さいが強い抵抗であったろう。この抵抗に対する報復は、岩波発行の多くの著書に対する発行禁止から、やがて津田左右吉の著書に関連しての起訴、小林勇の逮捕という苛酷な犠牲となってかえってきたものであろう。矢内原は、日曜ごとの説教と『嘉信』の発行を続けて、終戦まで抵抗をやめなかった。

個人で徹底的な闘争を続けたのはほかにもあった。駿河台にあった文化学院の院長西村伊作もその一人であった。時局の進行に伴い、一般の学校と同様、文化学院にもいろいろなかたちで圧迫が加えられた。学院の内部にも、石井柏亭などを中心に時局に順応しようとする人々も出てきた。しかし西村は、最後まで圧迫に屈せず、妥協しなかった。自己の危険、学院の運命をかけても、その態度を変えなかった。紀州新宮の大石・西村・玉置一族の合理的・自由主義的考え方を見事につらぬき通した。彼は逮捕され、学院は閉鎖され、建物は軍に徴用されていたが、戦後は、西村の手に返され、もとのところで復興し発展することができた。しかし柏亭一派は復帰しなかった(西村伊作『我に益あり』。森長英三郎『禄亭大石誠之助伝』昭和五十二年)。

十九年の十一月末から神田への空襲が始まった。最初に錦町二丁目・三丁目方面がねらわれた。二十年春、三崎町・小川町方面がやられた。有斐閣・国際書房・明治堂が主な罹災者だった。ただ古書肆街の中心ともいうべき神保町は無事に残って、終戦を迎えることができたのは幸いだった。

戦争末期の十ヵ月、東京空襲開始以来、終戦までの期間の古書店街を見ると、店を守っていた老人・女子では商売は継続できないのが当然である。市民の多くは先を争って疎開に専念した。重い書物はとうてい運ぶことはできない。売ろうにも買手がない。この疎開騒ぎの中で、反町は貴重なライブラリーが霧散するのを惜しみ、日比谷図書館を説き、特別の予算を組んで、持ち込まれる蔵書をどんどん買わせた。貴重な蔵書を安全な日比谷図書館に譲って安心して東京を去ることのできた人も少なくなかった。日比谷図書館は蔵書をどんどん田舎に疎開した。そして二十年五月の空襲で、本館は焼けたが書物は守り通した。反町はともかく多数の貴重な図書を戦火から守ったことで満足したことであろう。非常時においても、反町のあくまでブックマンとしての真面目が発揮されたのをここに見出すことができた。

神田の古書店街でも、持ち込まれる書物を買い込んだ人がある。一人は巌松堂の波多野で、しかも彼はどういう考えであったか、買い込む書物は神保町の本店の室という室に積み上げておいた。二宮の大きな倉庫になぜ運ばなかったかだが、ここにきては波多野にも輸送手段がなかったのかもしれない。三崎町一帯を焼いた戦火は神保町には及ばなかった。巌松堂はストックともども助かった。戦後、老波多野はこのストックを充分に活用することができなかった。戦後の激動の時代は、事業を任せていた長男を失った老主人が切り抜けるのに、あまりに大きな負担だったのかもしれない。それは悲劇であった。同じ神保町の近所の高山書店には主人と娘とが残っていたが、娘さんは陸軍省に徴用逃れで勤務していて、残っているのは老主人一人だった。高山は手に入るかぎり、片っ端から書物を買い込み、堅牢なビルやいろいろのところに預けておいて無事に終戦を迎えることができた。彼と娘は、復員してきた婚約者を迎え、この莫大なストックを利用して、戦後の同店の新しい発展の基礎として役立てることに成功した。

五　昭和後期(昭和二十年―五十四年)

平和が回復すると、書物に対する需要は予想以上に激しかった。空襲・疎開騒ぎで多くの人は書物を失い、文字に飢えていた。言論・出版は自由になった。流通・販売の統制も解かれた。誰でも取次ができた。紙をもっているものは出版を志した。出版の知識がなくても、経験のある人を雇って企画を立てれば出版はできる。戦争中は消えていた紙が、戦争が済むと国内のいろいろなところにストックされていたのが出てきた。それがなくなる頃には粗悪な紙が大量に出回るようになった。強制と企業整備によって三百以下に減っていた出版業者は、戦後一年も経たないうちに、もとの三千近い数に急増し、さらにそれを上回る勢いであった。

しかしこの戦争直後の混乱期において、す早くベストセラーを出して大変な販売数になったのは、やはり既存の出版業者であって、誠文堂新光社の小川菊松は、終戦の日に早くも日米会話書の必要を思いつき、十月一日に菊半截三十二頁の書物を定価八十銭で、『日米会話手帳』と名づけて売り出し、初版三十万部はまたたく間に売れて、東京だけでなく、関東各地の焼け残った印刷所を動員して、あとからあとから増刷をして三百六十万部も売ったといっている。さすがに、震災直後『大震大火の東京』をいち早くつくって売り大変な利益をあげた往年の小川菊松の面目が、敗戦直後、すべての人がなすところを失っていた時においても発揮されたものである。この『日米会話手帳』は、日本語で考えた文章を英語に直して焼け残っていた大日本印刷で印刷したのだ、と彼は書いているが(小川菊松『出版興亡五十年』昭和二十八年)、昭和五十三年二月、開館三十周年に当たって国立国会図書館で行なわれた「戦後の本で見る日本」展に展示されていた稲村徹元(国会図書館員)所蔵の原本を見せてもらうと、Herman の *What you want to say and how to say it* をもとにしてつくったと断わり書きがついている。これを見ながら私は、小川菊松はおそらく原著者には何の断わりもなしに勝手に利用したものと想像した。外国人の著作権についてきびしい取り締まりをした占領軍も、進駐早々でこうした取り締まりに手が回らなかったのであろう。総司令部が外国人の著作の版権について、きびしい指令を出したのは昭和二十二年であった。『会話手帳』の発行所は科学教材社となっているが、これは、小川社長の企画に対し、誠文堂の幹部が誠文堂の名を汚すといって、こぞって反対したため、小さい子会社の名を使用したのだと、小川菊松は『出版興亡五十年』の中で釈明している。

終戦後、す早い発展ぶりを示したのは雑誌であって、雑誌の場合はまったくの創刊と旧来の雑誌の復刊が見られた。戦争中、出版社と同じように雑誌社も非常に整理・統合されており、ことに総合雑誌は『中央公論』『改造』の二つが廃刊されていたのが、たちまち復刊の計画が進んだ。しかし十月一日に、早くも総合文芸雑誌を創刊した人がいる。それは『新生』の青山虎之助であった。彼はまとまった資金と大胆な企画をもっていち早く雑誌の発行に乗り出した。

従来の水準を破る高額の原稿料を支払うということでもって、永井荷風・谷崎潤一郎・長谷川如是閑・大内兵衛、その他の文壇・論壇の第一流の人々の原稿を手に入れた。それを順次『新生』に載せることによって、一挙に多数の読者を獲得することに成功し、雑誌ブームの先端を切ったのである(『回想の新生』昭和四十八年)。

第一次大戦直後、山本実彦が雑誌『改造』を創刊して、総合雑誌界に旋風を巻き起こした時代を彷彿させるものがあった。しかし、青山の『新生』はザラ紙であり、新聞社の印刷で、およそ従来われわれがもっていた、総合雑誌あるいは文芸雑誌のイメージと違う粗雑なものであった。しかし、文字に飢えている大衆はそんなことは問題にしなかった。彼は次々に、新しい企画のもとに新しい雑誌を始めたが、競争誌が現われてくるにしたがい行き詰まり、十年経たぬうちにつぶれた。

新生社に続いていま一つ、特異な出版社が現われた。それは鎌倉文庫という名の出版社であって、これは戦争が最終段階に入った二十年五月に鎌倉在住の文士久米正雄・川端康成・大仏次郎・小林秀雄・高見順などが相寄って蔵書を出して貸本屋を開き、書物に飢えている産業青年に提供し、かたわらいくらかでも収入をあげようとしたものである。この文士たちは疎開もせず、鎌倉を死守しようという気持で古都に残っていた。鎌倉の病院で瀕死の床についていた島木健作も蔵書を出していた。新聞などに伝えられて、たちまち鎌倉文庫は有名になったが、間もなく終戦になった。その二日後に島木は「出直しだ」といい残して死んで、鎌倉文士たちによって寂しく葬られた。鎌倉文庫は早くも九月には東京に進出して、その名で出版を始めることになった。紙をもっていた人々が有名な鎌倉文士の集まっているのに目をつけて、出版業の共同経営を申し込んだのである。久米正雄が社長となり、編集経験者を入れて文芸雑誌『人間』を出し始めた。『人間』という名の文芸雑誌は大正時代、第一次大戦後、文士たちが中心になって発刊されたことがあった。貸本屋鎌倉文庫が『人間』発刊に至るまでの経過は、『人間』創刊号に久米正雄が詳しく書いている。

久米正雄は、鎌倉文庫だけではなくて戦後の新しい出版社の企画に参画した。ことに版権が切れた漱石に目をつけて、その出版を企てた事業にも参加した。『漱石全集』といえば岩波書店の専売になっていたのに対抗したものだが、新しい『漱石全集』を企てた桜菊書院は失敗して、全集は中絶した。鎌倉文庫の出版事業も、ブームがすぎて不況期に入ると種々の企画が失敗し、事業は五年とは続かなかった。

『改造』『中央公論』は、それぞれ山本実彦・嶋中雄作の手によって復刊することができた。『文芸春秋』は菊池寛が退くと、後を引き受けて経営に当たる人がなかったが、戦時中、伊東に退いていた佐佐木茂索を引っ張り出して『文芸春秋』の経営を彼に任せることにし、外地から引き揚げてきた池島信平が佐佐木茂索を助けて、新しい『文芸春秋』は漸次発展していった。

二十一年になって、新しい総合雑誌として『世界』『朝日評論』『展望』『潮流』『世界評論』『世界文化』などが始められたが、このうち今日まで残っているのは『世界』だけで、他は数年で休刊となった。一時休刊した『展望』は復刊して最近まで続いていたが、筑摩書房の行き詰まりから、また休刊となった。

『世界』は岩波茂雄が世話をして、戦争中から集まって日本の将来の問題などを論じていた同心会の人々によって発議されたもので、安倍能成が中心になることになっていた。これが始まる前後に『世界』の編集を担当することになった吉野源三郎が私を外務省に訪ねてきて、岩波書店の出す新しい総合雑誌に協力してほしいともとめられ、当時、外務省にいた都留重人を誘って話をきき、後に安倍さんなどともお目にかかった。そして『世界』の名にふさわしい世界の動きを伝える欄を設け、その編集・執筆を引き受けた。第二号から「世界の潮」の欄が始まり、爾来今日に至るまで、「世界の潮」欄は多くの人々の協力を得て継続し、『世界』の一つの読物になっている。『世界』では後に、これと並行する形で「日本の潮」という欄が設けられた。

私にとって「世界の潮」は、昭和五年から昭和十一年まで雑誌『改造』に設けられていた「世界情報」の継続といえるようなものであった。海外情報の出所が、主として外国の新聞・雑誌であることは「世界情報」の場合も「世界の潮」の場合も変わりはない。ところが「世界の潮」の場合は、はじめのうちは海外の新聞・雑誌の輸入は禁止されており、情報の入手には非常に困難をした。しかし幸いに、外務省(旧日産ビル)の隣の内幸町の旧NHKの建物が占領軍の文化情報部の事務所になり、その一階の一画にアメリカの新聞・雑誌の公開閲覧所が設けられていた。小さい世界への窓がそこに開かれていることを知って、いつもそこへいっては新しいアメリカの新聞・雑誌を見ることにした。やがてアメリカ文化センターが有楽町の日比谷映画劇場前の空地に建てられた新しい建物に開設された。そこでは新聞・雑誌のほか、新刊の単行本も備えるようになった。技術雑誌も加えられた。次第に利用者が多くなったが、しかしこれを利用している人を見ると、デザイナーとか新しいファッションを写しにきている人が非常に多く、後には技術関係の人が新しい技術情報をもとめにくるようになったが、新聞を見にきている人はあまりなかった。日刊『ニューヨーク・タイムズ』を読みにくるのは私ぐらいと見え、私の顔を見ると係官はすぐそれを取り出してくれた。

『展望』は筑摩書房の社主古田晁の親友臼井吉見が中心になって、文芸に力をおいた総合雑誌として乗り出し、編集顧問格の唐木順三や筑摩の社員となった竹之内静雄など京大卒業生の人たちの努力で田辺元や吉川幸次郎などの原稿を取ることができた。さらに田辺元の『哲学入門』その他の著書を出版して好評を博した。田辺元は西田幾多郎とならんでながく岩波書店からのみ著書を出していたが、戦後は『懺悔道としての哲学』以外は筑摩書房に出版を行なわせ、「全集」も筑摩から出版した。『展望』は筑摩書房の経営不振のため数年にして休刊になった(『筑摩書房の三十年』昭和四十五年。『回想の古田晁』昭和四十九年)。『改造』も、山本実彦の追放問題その他、出版の不振、内部の混乱等のために、昔日の勢いを取りもどすことができなくて廃刊した(『雑誌「改造」の四十年』昭和五十二年)。

『世界』は編集者の吉野源三郎を中心に、岩波に集まってきた旧人・新人、多くの寄稿家の協力で、安倍能成が遠ざかった後も順調に発展していった。ことに平和問題談話会ができて平和問題に力を入れ、売れ行きが激増した。談話会の人々が『世界』の発展を支えた。三十年代になって、『世界』の執筆者には新しい世代の人がようやく増加してきた。三十年後の今日では、もはや発刊当時の寄稿家を誌上に見出すことはまれである。

岩波書店は、岩波新書を赤版に代えて青版を始めた（昭和二十四年）。毎月三冊ずつ刊行し、多くの場合、ベストセラーの中にその新刊が入るという状態が続いた。さらに岩波は新しい業務分野として写真文庫と岩波映画を始めた。新しい視覚分野への思い切った進出の第一歩であった。小林勇のイニシアティヴだったのであろう。写真文庫にはかつて『ライフ』の写真部にいて、国際的に活躍した経験のあるカメラマン名取洋之助を起用した。写真文庫は多彩なテーマを取り上げて、新しい出版企画として成功した。その上、名取の指導で羽仁進など若いカメラマンが写真文庫の中から育っていった。しかし岩波写真文庫はあくまでも白黒を厳守していた。戦後の世界の写真版の傾向を見ると、アメリカにおいてはカラー時代になり、雑誌からあらゆる方面にカラー写真がひろく採用され、ヨーロッパにも次第に普及していくことが察知できた。世界の大勢にしたがってカラーを採用してはと勧めたが、彼らはカラーを採用せずに、やがて岩波写真文庫をやめてしまった。岩波映画は各種のよい記録映画をつくりながら今日も続いている。岩波は、新しい企画としては「少年美術館」を始めた（昭和二十五年）。これは戦後ようやく高まりかけた美術ブームの先駆であったと考えられる。やや生活の落ち着いてきた人々は美術書を渇望していたかのごとく非常に売れたが、岩波の美術書の企画はこれだけで止まってしまった。その「少年美術館」に刺激を受けたかのように、各出版社は美術全集の出版を次第に始めたが、岩波はせっかく先端を切ったにもかかわらず美術書出版ブームには参加しなかった。私はその理由を知らない。大正の終わりから昭和にかけて、岩波は美学者の業績、あるいは岸田劉生・中村彝《つね》など画家の美術書を出版した。岸田の『初期肉筆浮世絵』(大正十五年)、中村の『芸術の無限感』(大正十五年)などは、ともにながく残る著書であった。

岩波文庫や岩波新書に対抗するごとく戦後に企画されたのは、弘文堂のアテネ文庫(昭和二十三年)、日本評論社の古典文庫などである。これらのうちには、ながく残る価値のあるものもあった。アテネ文庫は原稿用紙五十枚の一時間足らずで読み切ることができるということを基準にしてあった。好評で昭和三十年までに二百六十冊以上出版された。この企画は弘文堂時代の西谷能雄と京都大学の人々が中心になって立てられたらしい。続いてアテネ叢書という大型のものも企画された。弘文堂の内紛・分裂があったためか、アテネ文庫はその時かぎりで、再刊・続刊されないのを、私は残念に思っている。

神田の書肆街では主人や従業員が徐々に戻ってきたが、多くの書店は売るべき書物が少ないのに困っていた。中には物々交換でないといけないといって、何か代わりの本を持ってこないと売らないような古書店もあった。

神田では戦前すずらん通りに二十軒近い古本の露店が毎夜店を出していたが、戦後は神保町通りの日活館の前の歩道に露店の本屋が現われてきた。これは多くは素人であった。たちまちにして三十軒ばかりになって、さらに駿河台下のもと丸善の前の歩道に十軒ばかりの露店が現われた。しかし本屋の露店商の出現は、神田だけにかぎられないで、銀座通りのほか東京駅裏の八重洲口の通りや銀座の全線座の前、新橋と土橋の間の外堀に面した歩道に露店が開かれた。ここにはわりあい良い本が多く、客が集まった。パリのセーヌ河畔の露店市に比較することができると、当時私は『読書新聞』に書いた。

神田の露店商は書物の補給に苦心をした。郊外の古本屋で適当な本を見つけて神田で高く売っていたものもあった。業者の顔ぶれは変わっていたらしいが、続いていた。露店禁止のマッカーサー指令によって二十五年三月末で東京都内には露店がなくなった。露店の古本商をやめて立派な古本店をもつことのできた人も幾人かいる。神保町においては、篠村書店・四方堂のほか、大屋書房の洋書部を引き受けた大谷などがそうした成功者である。また銀座の松屋横の奥村書店は演劇・文芸書などを専門とする古書店であるが、先代が多年銀座で露店を出していたといっている。

昭和二十一年、新円切り替えがあって、多くの人は、いよいよ生活をするのに困り、タケノコ生活をするようになった。さらに財産税の徴収が行なわれ、焼け残った蔵書を手離すことが始まった。インフレーションの進行につれて書物の価格も高騰していた。『日本古書通信』の復刊号で、小汀利得は、いまや古本は買うべき時でなく売るべき時期だと強調している。言論追放になっていた彼は、この前後たしかに若干蔵書を手放した、と二、三の業者は証言している。ここで古書業者はいままでにない秀れた書物をいくらでも手に入れる機会をつかんだ。彼らにとっても新円があるかどうかが問題だった。この間に売り出されたコレクションは無数だったが、もっとも大きく内容の秀れていたものは、九条公爵家のコレクションだといわれている。九条家は昭和のはじめに書物を多少処分したことがあるが、それはほんの一部だった。公家のうちでは近衛家に次ぐ厖大な古書のコレクションをもっていた九条家が、敗戦後それを処分することになった。しかも、倉卒の間に処分されてしまった。むろん仲間取引の時もカタログもつくらず、何がいくらで売れたか、記録も残っていない。思い思いに引き取って処分し、消えていった。宮内庁書陵部には九条家文書があるようだが、これはおそらく戦後処分される前に引き取られたものか、あるいは早くから寄託されていたものだろう。さらに昔、大蔵大臣などをした渡辺千秋の大量のコレクションが売り立てられて分散してしまった。多数の洋書が含まれており、良いものがあったと、整理に当たった原広はいっている。

その頃古書業者は、デパートから古書部を経営してくれないかと勧誘された。デパートが、戦争中、統制会や軍需会社に建物を一部貸していたのが、終戦後、返還されてきた。ところがまだデパートで売るべきものが出回ってこなくて、売場のスペースを埋めるのに困って、古書

神田の古書店(西部)昭和22年8月5日現在(『日本古書通信』昭和22年8月1日・15合併号より)

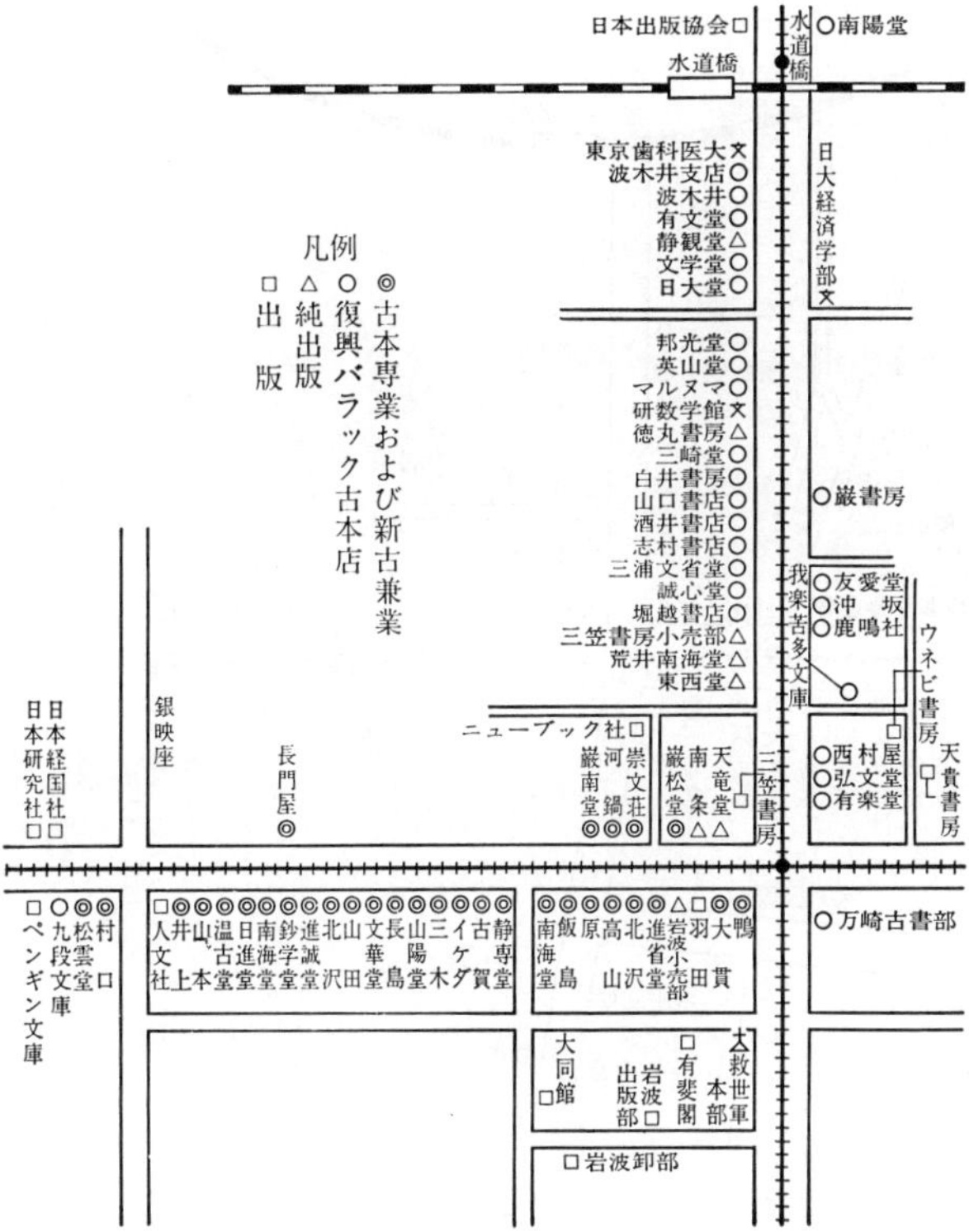

(『日本古書通信』昭和22年10月15日号より)

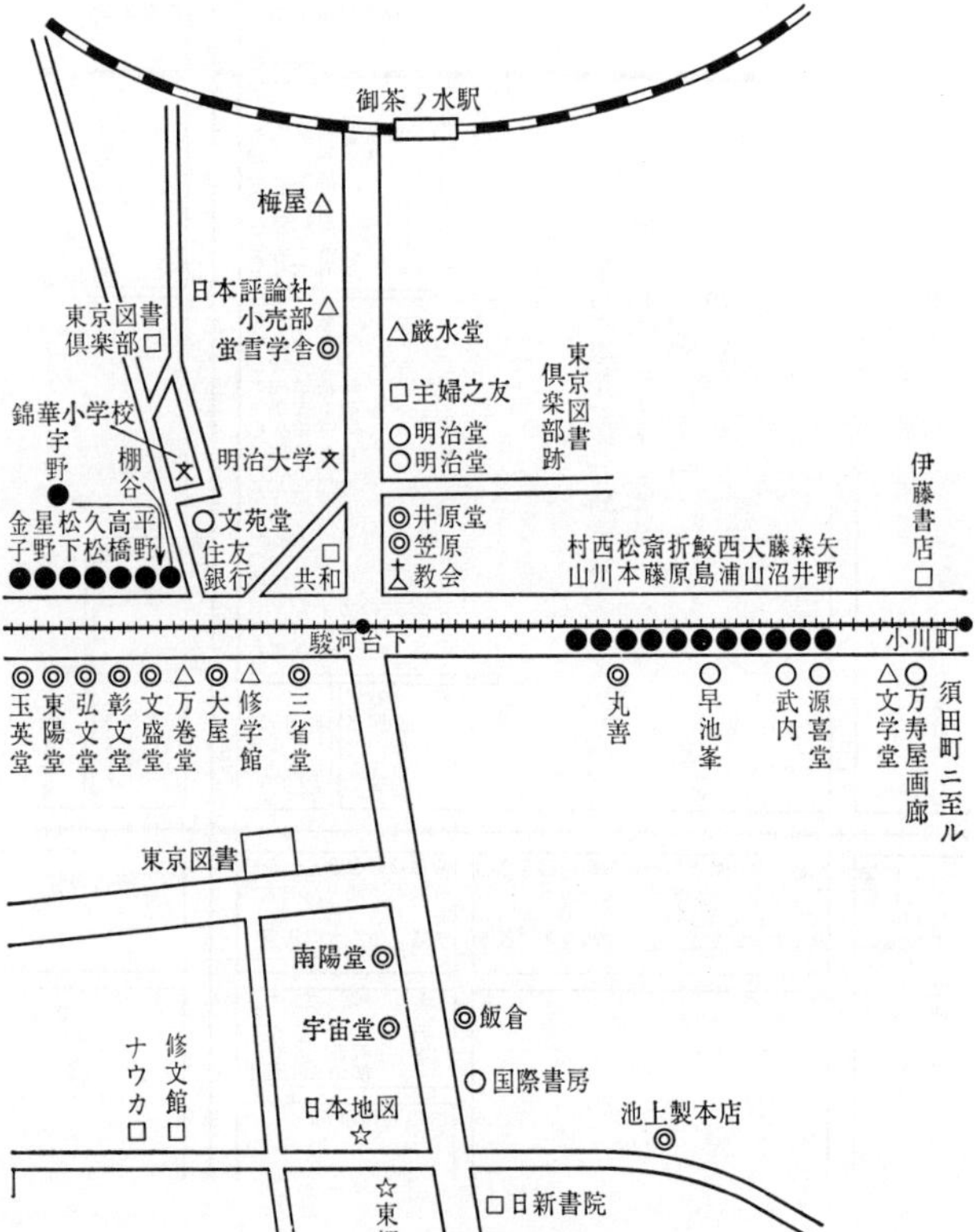

御茶ノ水駅
梅屋
日本評論社小売部
蛍雪学舎
東京図書倶楽部
巌水堂
主婦之友
明治堂
明治堂
東京図書倶楽部跡
錦華小学校
明治大学
宇野
棚谷
文苑堂
住友銀行
共和
井原堂
笠原
教会
伊藤書店
金子
星野
松下
久松
高橋
平野
村山
西川
松本
斎藤
折原
鮫島
西浦
大山
藤沼
森井
矢野
駿河台下
小川町
玉英堂
東陽堂
弘文堂
彰文堂
文盛堂
万巻堂
大屋
修学館
三省堂
丸善
早池峯
武内
源喜堂
文学堂
万寿屋画廊
須田町ニ至ル
東京図書
南陽堂
飯倉
宇宙堂
国際書房
ナウカ
修文館
日本地図
池上製本店
東都
日新書院
梅沢
開隆堂

神田の古書店(東部)昭和22年9月24日現在

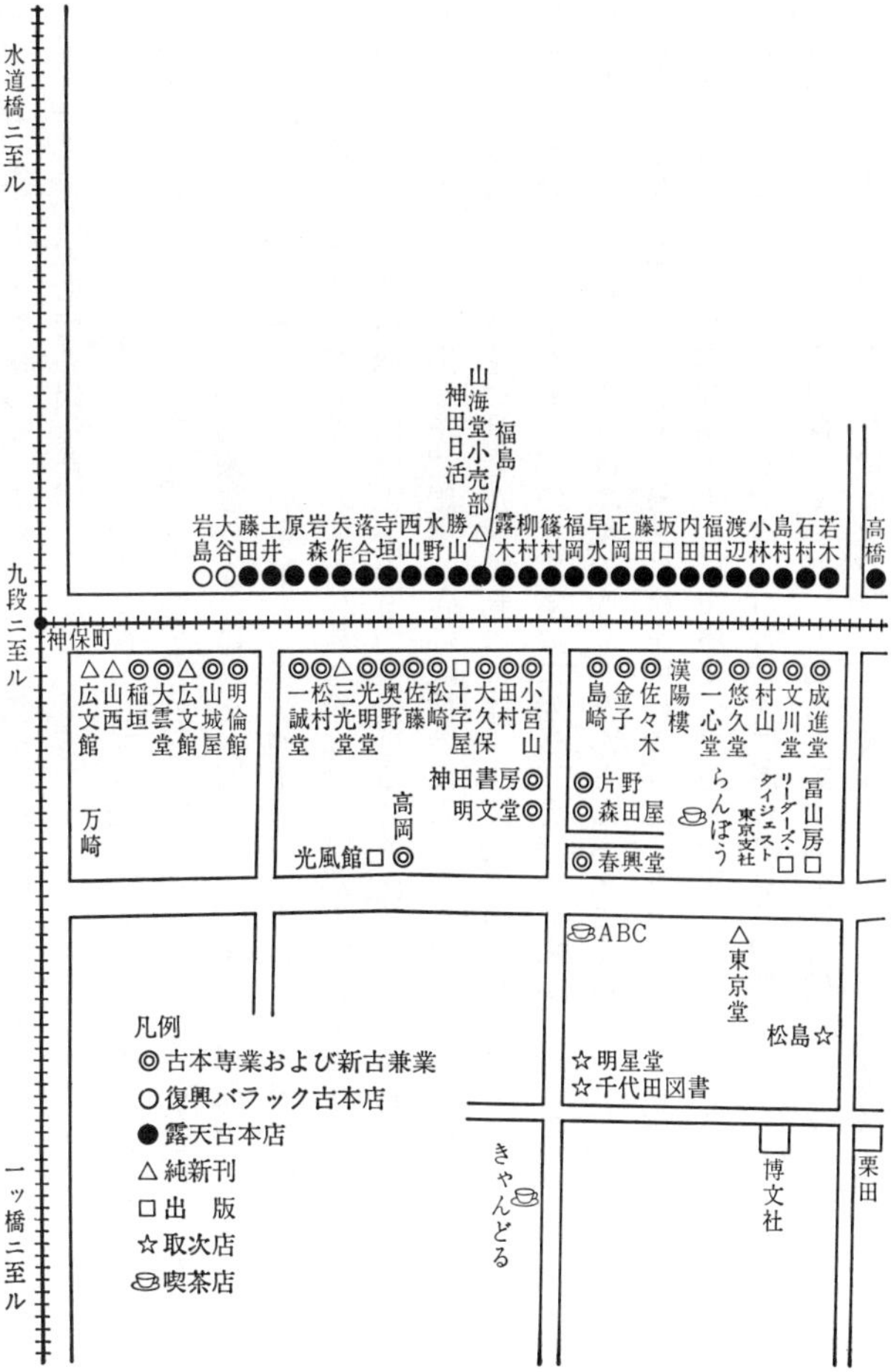

水道橋ニ至ル
九段ニ至ル
神保町
一ッ橋ニ至ル
山海堂小売部
神田日活
福島
岩島
大谷
藤田
土井
原
岩森
矢作
落合
寺垣
西山
水野
勝山
露木
柳村
篠村
福岡
早水
正岡
藤田
坂口
内田
福田
渡辺
小林
島村
石村
若木
高橋
広文館
山西
稲垣
大雲堂
広文館
山城屋
明倫館
万崎
一誠堂
松村
三光堂
光明堂
奥野
佐藤
松崎
十字屋
大久保
田村
小宮山
神田書房
明文堂
高岡
光風館
島崎
金子
佐々木
漢陽楼
一心堂
悠久堂
村山
文川堂
成進堂
片野
森田屋
らんぼう
リーダーズ・ダイジェスト東京支社
冨山房
春興堂
ABC
東京堂
松島
明星堂
千代田図書
きゃんどる
博文社
栗田
凡例
◎古本専業および新古兼業
○復興バラック古本店
●露天古本店
△純新刊
□出　版
☆取次店
喫茶店

店に協力をもとめたものであろう。それで、一誠堂が三越、明治堂が白木屋、その他の古本屋が高島屋・伊勢丹などに店を出した。

昭和二十一年六月に八木書店の八木敏夫が復員してきた。彼が応召に際し弟に任せてあった『読書と文献』(『日本古書通信』の改題)も十九年の終わりに休刊し、店もなくなっていた。八木が復員して、逗子に疎開している家族のもとにかえってみると、東京の根拠地はなかった。そして東京の古書業界を見ると、新しい現象としてデパートにいろいろの古書店が入り込んでデパート古書部の仕事をやっている。わずかに松坂屋にはまだ誰も古書業者が入っていなかった。松坂屋から話があり、彼が松坂屋の古書部を引き受けることになった。上野だけでなく名古屋・静岡の松坂屋にも店を出した。銀座の店には彼の友人の古本屋を世話した。八木は二十二年六月に『日本古書通信』を復刊した。復刊号には、小汀利得のほか、ホーレー、反町茂雄の三人が寄稿している。いずれも当時の古書業界に対し、各々の立場から含蓄のある発言をしていて興味がある。その後デパートは本来の商品がだんだんふえてくるにしたがって、利益の少ない古書部は縮小する方針をとり、最後には全面積の返還をもとめ、各古書店はデパートから撤退することになった。八木は約十年、松坂屋で仕事をした後、松坂屋にある彼の店を全部閉じた。しかし、その頃からデパートでは、古書即売展がしばしば開催されるようになっていた。

八木は松坂屋デパートの古書部をやっている間に、新本の取次も始めた。また特価本を持ち込まれることもあって、こうした特価本の取引にも彼は目をつけた。上野周辺には特価本を商う店が数軒あった。松坂屋をやめる時には、古書のほか新刊書の取次と特価本の営業をもって久しぶりで神田へかえってきた。まず『日本古書通信』を通じて古書の通信販売を始め、併せて特価本の売買、新刊書の取次をする八木書店の卸部を神保町一丁目に開いた。そして数年後になって彼は神保町一丁目一番地の表通りに八木書店古書部を開き、古書部と裏通りの卸部と『日本古書通信』の三つの仕事を経営するようになった。後に『日本古書通信』は、ながく編集を担当していた弟福次郎に譲った。

戦後の神田の古書店のうちで、いま一つ特異な経営方法を始めたのは高山書店である。老主人が戦争中に積極的に書物を買ってストックとしてもっていた。そこに娘の婚約者が復員してきて、これが二代目として夫婦で経営を助けることになった。その時彼らのもっているストックが進駐軍に目をつけられて、進駐軍関係あるいはアメリカ関係の注文を絶えず受けて、どんどんストックを有利にさばくことができた。その過程において、さらに彼らは古書店の新しい行き方を見つけ出した。それは作家に接近して彼らのもとめる資料をさがして供給することを始めたのである。従来作家は、多少は資料を集めて、それをもとにして作品を書くことをしていたが、古書店が積極的に小説家の資料さがしに協力することはまれであった。森鷗外や永井荷風が和本古書専門店をしばしば利用したことは知られている。また大仏次郎とか吉川英治なども比較的早くからそれをやった。大仏次郎の場合は、新しい大衆小説の開拓者としてスタートしたが、彼はまた記録小説を目ざし、ドレフュス事件を書くことによって自信をもち、第三共和国時代のドレフュス、ブーランジェ将軍、パリ・コンミューンなどをテーマにして書こうと念願した。戦後パリにいき、当時のフランスの資料を集めることによって、多年考えていた『パリ燃ゆ』を書いて、彼の多年のプランを完成した。その時集めてきた厖大な資料は彼の愛した横浜の海岸に近い「港の見える丘公園」の中に建てられた大仏次郎記念館の中に彼の蔵書や遺品とともに納められている。彼が最後に『天皇の世紀』に取りかかった時は、終始朝日新聞社が資料の蒐集に協力し援助していた。昭和三十年前後になり大衆作家の歴史的作品・記録的作品を書く人々に資料の蒐集・提供を高山書店が積極的に始めた。最初このきっかけをつくったのは檀一雄で、それから彼の手引きで作家仲間が次々高山書店と関係ができた。海音寺潮五郎・水上勉・柴田錬三郎・瀬戸内晴美など流行作家が次々出入りし、彼らに協力した。むろん江戸資料・維新資料の蒐集だけでなく、引越しの手伝いからあらゆる世話までした。こうして高山書店の二代目夫妻は新しい古書店の行き方を開いた。またこの関係から作家の死後、蔵書の処分を遺族から依頼されることがあり、山本周五郎・子母沢寛・富田常雄・中山義秀などからは納めたものを買い取ることになった。そしてそれを次の作家に入れることに努力してよろこばれている(『週刊読売』昭和四十三年二月九日。「高山富三男・高山往子回顧聴取書」)。

昭和二十年代の後半になって神田書肆街の古書の需要に大きな影響を与えたのは、新制大学のスタートである。新制大学への昇格の認可を受けるのには、いろいろな大学の施設が問題になるが、蔵書の審査があり形式的には蔵書の量が基準であった。創立の古い官・私立の大学・専門学校などの場合にはみな相当蔵書をもっていたから審査にもあまり問題がなかったようだが、私立の新しい大学をつくろうという場合には、文部省の基準としている蔵書の量が整わないものが多かった。さらに大学院設置の認可を取ろうとする場合には、より高い水準の蔵書量が要求されることになっている。書物をもっている学者から急遽買い入れるとか、一時借りて審査を切り抜けるとかの悲喜劇があったらしいが、ともかく大量の書物を短期間に整えるということになると、神田の古書店の協力がいちばん有力であり、ある程度、古書店に頼めば、質はともかく量は整うということがあって、続々まとまった大口の注文が古書店に入ってくることになった。古書店はこれで繁忙をきわめ、取引額を伸ばしながら、大きなストックをもつ古書店に発展することになった。さらに新しい大学ができてから後も、研究室の整備に熱心な大学は、指導教授が中心となって、即売展にはいつも数人の若い研究補助者たちがカタログ片手に書物をさがしにきて、大量に買いつけているのを常に見かけていた。

その間、神田の古書店街においては、戦災で焼失した古書会館が、木造ではあるがとりあえず復活して、そしてこの古書会館で彼ら仲間の交換市を連日開催するだけではなしに、毎週土曜・日曜、後には金曜・土曜に古書即売展をして、多数の顧客をここに集めるようになった。むろん神田古書会館における即売展だけでは足りないと考えて、先にいった都内のデパートで即売展を開催するほか、各地区で、たとえば中央線沿線は荻窪で、渋谷その他の方面の人々には城北即売展を、また南部の大森・五反田方面の人たちは五反田で古書即売展を開催し、いずれもカタログをつくって客に送り、三十年代が進むにつれて都内で全面的に古書即売展が行なわれるようになってきた。こうして古書取引は、店頭取引よりも即売展取引と学校その他の図書館への直接納入とが中心になってきている。

即売展にくる人も、時代、時代によって漸次変わってきている。篤学の学者や若い研究者の出入りは今も昔も変わりがない。今でも時々山田盛太郎や岡義武など老碩学の姿を見かけることがある。しかし戦後のいちばんの大きな変化は外人の増加である。戦前でも特殊な外人蒐集家がいたが、戦後では若い男女外人の増加である。短期・長期の留学生のほか、日本の書物を買いつけにきたらしい人も見かけられる。

私の狭い経験で、深く印象に残っているコレクターが二、三ある。ある時代は大宅壮一がよく古書会館に顔を出していた。また社会党の委員長をしていた時代でも鈴木茂三郎の姿を見かけた。自民党の前尾繁三郎も本ずきで、そのことは彼の随筆から、その一端をうかがうことができるが、しばしば古書漁りに自ら神田に出かけるらしいが、私は会ったことはない。大宅壮一に、忙しいきみが自分でこなくたって代理の人にきてもらったらいいじゃないかというと、いや、カタログを見て代理の人を向けただけではやっぱりだめで、自分でずっと現物を見て、選択しなければいいものが得られない、それで出かけてくるのだ、と私に語っており、また鈴木茂三郎もやはり蒐集のためには自ら古書即売展に出かけなければ、ということで、多忙の間にもわざわざ展示会に足をはこんだのであろう。この二人はいずれもそのコレクションを公開し、多くの人々の役に立てることになっている。大宅の場合はジャーナリスト、あるいはジャーナリズムの方面の要求に応ずるに適した雑誌のバックナンバーその他の資料が揃えてあって、重宝がられているときいている。鈴木コレクションは、日本の社会主義運動を中心とするものは近代文学館に寄贈されて公開されているが、それは、向坂逸郎の内外社会主義文献のコレクションとならぶ貴重なものであろう。鈴木コレクションの中の戦後の日本社会党関係の資料は、法政大学の大原社会問題研究所に納められている。

昭和十年代から古書のコレクションを始めていた小汀利得は、戦後も引き続き古書の蒐集をやっていたが、彼の場合はどうも利用するということが目的ではなくて、私の見るところでは趣味とインフレーション対策を兼ねていたようだ。もっぱら良い書物を集めるということに努力を集中していたが、それは利用するよりも書物として価値があるということに重点をおいていたようだった。彼の死後、その蔵書の中心は、八木・反町その他数人の業者の手で三越で競売に付されたが、非常な好評を生んで、売上額は予想以上の高額となった。しかしその売り立ての時のカタログを見たかぎりにおいては、小汀が戦後相当力を入れて集めたと思われる外国の書物はぜんぜん入っていなかった。また日本の書物でも、国宝・重要文化財に指定されている書物は含まれていなかった。さらに、小汀のところへ絶えず寄贈されてきていた書物その他の雑誌類もぜんぜんなかった。この三口の書物は、どうも別に処分されたようで、外国書は日本の業者の手で、外国へ持ち出して処分されたのではないかと思う。また国の指定を受けた貴重な書物は別個に専門業者の手に引き取られたときいている。同じジャーナリスト出身のコレクターでも大宅壮一・鈴木茂三郎とは違った運命を小汀コレクションはたどって消えた。しかしそれはコレクトした人の本来の目的にかなった処分で、決してその意図に反したものでなかったろう、と私は推察している。

小汀よりももっと早く、昭和のはじめからコレクションをやっていた高橋亀吉のコレクションは、単行本・資料類合計二万冊に達し、社会科学関係の個人のコレクションとしては屈指のものであった。彼が政治運動から退き研究・執筆生活に入る時、一、二の財閥関係者が出資して研究を助けたので、これだけのコレクションができたものであろう。彼は生前そのコレクションを処分せず、その処分は遺族に任された。高橋は生前それを使っていろいろな著述をし、晩年、大部の「日本経済発達史シリーズ」(合計六冊)をまとめた。この蔵書がどう落ち着くか、私は興味をもっていたが、最近これが日本橋茅場町の証券図書館へ寄贈され、「高橋亀吉文庫」として公開されることになり、一万三千冊に上る『高橋亀吉文庫蔵書目録』(昭和五十三年)も発刊されたことを知って(『日本経済新聞』昭和五十三年十二月十二日)、町の経済学者で晩年株式評論に力を入れていた人のコレクションとして落ち着くべきところを得たとよろこんでいる。高橋文庫にはなお多数の特殊資料が含まれているが、その整理も進行中のようで、やがて『目録』が作成され、利用できるようになれば、その文庫の価値は増大しよう。

明治以後、神田書肆街を通じて行なわれた書物のかずかずのコレクションの生成を見てきたが、書物のコレクションはそれぞれ違った運命をもっていることと、集める以上に始末することが容易でないことを教えられた。

占領軍によって禁止されていた外国新聞・雑誌の輸入は、徐々に自由化された。占領軍が東京に進駐すると、時を移さず外国の新聞・雑誌記者が東京に駐在するようになったが、昭和二十年の九月はじめには早くもタイム社は日本で極東版『タイム』の発刊を始めた。本国から紙型を送ってきて大日本印刷で印刷し、本国での発売後あまり時をへだてないで日本で発売されることになった。用紙は、はじめは日本産を使った。後日、日本の紙の事情が悪化した時はハワイで印刷して輸送することにしていたが、日本の紙の事情が好転するとまた日本で印刷し、後には極東各地にも日本から供給し始めた。『タイム』を始めたヘンリー・ルースは中国育ちのジャーナリストであったが、極東の基地としては東京がいろいろの点で秀れているばかりか、政治的にも安定していると判断したのであろう。その後の経過はこの判断が正しかったことを証明している。『ニューズ・ウィーク』も『タイム』と同じような方法で日本で発売されることになった。この二つの週刊誌を読みこなすことは、日本人にはそれほど容易でなかった。

昭和二十一年には『リーダーズ・ダイジェスト』が日本で売られるようになった。さらに『リーダーズ・ダイジェスト』の翻訳を発売することが許可された。これはひろく国内で歓迎された。元来『リーダーズ・ダイジェスト』はアメリカの大衆を対象としてつくられた雑誌であって、『タイム』とか『ニューズ・ウィーク』にくらべると程度の低いものであり、記事もニュース性に乏しい。いろいろな雑誌に出た論文のうちから大衆向きのものを選んで、それをリライトしたものを集めている大衆雑誌である。日本で売り出された時は外国情報に飢えていた時であったことと、『タイム』と違って日本語版ということが魅力だったのだろう。発売日には店頭にいつも行列を見かけた。総司令部の方針で特別の用紙が大量に割り当てられたという噂がひろく伝えられた。いつまでこの人気が続くか、私は疑問とした。時々興味ある論文が載っていることもあったが、その原文が、いつ、どの雑誌に掲載されたかは、はじめのうちは明記していなくて役に立たなかった。

次に外国書の翻訳が許可されるようになったが、原書の選択・推薦は総司令部が一方的に行ない、翻訳権料を希望者に申し出させて、高いものに許可された。従来日本では、外国書の翻訳権は、五%ないし一〇%であり、アメリカはじめ国際著作権条約に入っていない国の著作に対してはぜんぜん翻訳権料を払っていなかった。今度はじめてすべての国に翻訳権料を出さなければならなくなり、さらにそれが日本の業者間の競争のために、時にはそれほどでもない原書に対して三〇%ないし三五%という高額につり上げられるケースが出てきた。これも占領下の一時の現象で、やがて正常化するだろうと思った。

最後に原書・雑誌の購入の自由化であったが、これらの輸入自由化に当たっての総司令部の方針は、独占禁止と外貨の割当制の二つであった。引き続き外貨の制約があるので、外国原書ならびに雑誌の輸入はいろいろ制限があった。多くの輸入業者が名乗りをあげた。私はその頃丸善を通じて早速『フォーチュン』の購入を申し込んだが、ぜいたく雑誌と誤認してか、そういう理由で不許可となった。当時の官僚の知識水準を示す良いケースであり、官僚統制のいかに馬鹿げているかを知らされた。『フォーチュン』の内容を説明するのも面倒なので、しばらくは私は総司令部の友人にそれまで通り代わって購入してもらって全面自由化の日をまった。また輸入業者は業者で、需要の多いのに乗じて、外国為替の入手については、為替許可手続きの費用ということを口実として、換算率を公定相場にさらにプレミアムを何%かつけて注文主に請求した。その頃は輸入の外貨は業者にのみ割り当てられていた。個人が直接外国に注文することは、ながい間できなかった。プレミアムについては、業者の間で申し合わせをして円建価格は相当高くなっていた。さらに外国への注文に対しては前金を半額、時に全額を取った。外国書に飢えている人々は、不当と考えても、こうした要求にもはじめのうちは渋々応じていた。外価前金制は業者間の競争で次第になくなったが、為替換算率は容易に是正されず、高水準で維持された。

総司令部の独占禁止政策は、戦前の丸善の外国書輸入における独占状態を打破して、新規業者の参加を見るという点では成功した。しかし新規業者の大部分は、輸入貿易に失敗して、やがて戦線から離脱してゆき、やはり戦前から輸入の実績をもっていた丸善・国際書房などが再び優位に立つようになった。新規輸入業者として大きく進出できたのは紀伊国屋書店ぐらいのものであろう。

ただし戦後の外国書の輸入については、古書店も積極的に輸入を始めるという現象が現われてきた。外国古書に馴染んでいた本郷の原書店、神田の崇文荘あるいは松村書店・北沢書店などがそれで、彼らは積極的に貿易自由化に乗じて外国書の輸入に進出した。このうち松村書店は美術書の輸入に力を入れ、崇文荘は社会科学あるいは文学書の輸入に重点をおき、原書店は古書の輸入よりも新刊書の輸入に重点を転換して、社会科学書を中心として発展していった。北沢書店も英文学者の長男が家業をついでから、思い切って商売を外国の新刊書ことに文学書の輸入に重点をおくようになった。京都の臨川書店も中国書の輸入が困難になったので、欧米書、ことに教科書・参考書の輸入を盛んにやった。各社各〻適当に分野を守っていることがうかがわれる。進省堂は不思議に輸入に力を入れなかった。鴨志田三郎は交換市と個人の客からの仕入れで商品の供給は充分だと考えていたのであろう。彼は昭和四十八年、五十八歳の働き盛りで逝った。母子で後を守っているが、子供は外国古書の輸入にも手をつけている。

さらに古書業者のうちでは、雄松堂が積極的に輸入を開始して、しかも海外のオークションなどにも進出したことはすでに述べたが、反町弘文荘も国際的な取引に戦後進出していったことは、まことに注目すべき動きであった。彼は外国からきた古書ずきの人たちが彼の家を訪ねてきて、日本の良い書物を買いたいということで接触ができ、彼らに日本の古典を売り、まず輸出を始めた。そしてそれを手がかりにして、彼自らアメリカなりヨーロッパに出かけていって外国で日本の書物のコレクターと交歓をするようになった。さらに彼は外国で書物を買ってかえることを始めた。彼の取引は外国への日本の書物の輸出においては成功し、また彼の権威が国際的にもみとめられるようになったが、外国書の輸入においては必ずしも成功しなかったというのが業界人の意見である。そのほか反町の仕事としては、かねて同業者を集めて「文車の会」という古典書研究会を組織して、その活動に力を入れていたが、日本の古書業者を海外の視察に勧誘し、とくに古書業者の二世で文車の会に参加するようになった人々を、彼が案内役として引率してアメリカ、ヨーロッパに視察旅行を企てた。これは日本の若い古書業者にひろく国際的な視野をもたせることになった。これは日本の古書業界の今後の発展に大きく役立つものと私は見ていた。こういう彼の企画した旅行に参加した人たちは、単に視察旅行をしてくるだけではなしに、そのたびに見聞したところを報告書として公刊している（文車の会『ヨーロッパ古書紀行』昭和四十八年。同『アメリカ古書紀行』昭和五十年）。ここでも私は反町の秀れた組織力を見ることができた。反町を目して二十世紀の世界古本業界の偉材ローゼンバッハにくらべる人がある。彼はペンシルベニア大学を出て、古本業者として欧米の古書業界に一時代を画したアメリカ人であるが、彼はあくまで孤独の人であった。国際的な古書業者としてこの二人には共通点は多いが、組織力の点では反町がはるかにローゼンバッハを抜いていると私は見ている。しかし、それには、反町が大きな犠牲を払っていることを見逃してはならない。彼の主催する研究会では、彼の多年の研究・経験の蓄積、すなわち古書取引の貴重なノーハウを一切披瀝して、次代の人々に伝授している。これあればこそ、多くの人々をその周囲に集めることができたのであろう。

こうした日本の古書業者の国際進出がきっかけになったのでもあろうか、一九六〇年代になって日本の古書業者は積極的に国際的な古書業者の組織に関心をもち、昭和三十九年の世界古書籍協会(ALAB)のウィーン大会に出席し、日本古書籍協会(ABJL)を組織して正式にメンバーとなり、その後大会が開かれるたびに、何人かの古書業者が日本から国際大会に出席するようになった。やがてその大会を東京に招待することになって、昭和四十五年には東京で世界古書業者協会大会が開かれた。その機会には海外の人々は各〻その得意とする古書を携えてきて、日本で展示即売会を開催した。

戦後こうした古書業界の国際化に対して、個人で外国へ出かけていって書物を集める人もないではなかった。いかんせん、一九六〇年代の後半になって個人の海外旅行が自由になってからも、まだしばらくは外貨の海外持ち出しは制限されていたために、業者のように自由に海外で買い付けることは困難であった。ただ天理教の真柱中山正善は、海外に多数の信者をもっているためか、戦後、為替制限のきびしい中でも海外に出て行くたびに貴重な書物を比較的安く入手しては天理図書館に加えていた。

近年、この外国書輸入業者の行なっている為替換算率は共同申し合わせにもとづくものであり、不当に高い水準に管理されていて、公正取引を妨げているのでないかと公正取引委員会が問題にし、業者の申し合わせをやめるように勧告した。その後は、建前は申し合わせをしないことになっているが、円高が急テンポに進んでいるのにかかわらず、為替差益の還元が不充分である、自由競争が妨げられているのではないか、という批難が続いている。

戦後の神田の書肆街にいま一つ大きな影響を与えたのは、取次業における独占体制の解体である。戦争中は何らの補償なしに全国一本化が書籍取次業において強行されていたが、敗戦でもって、その統制の強制力はなくなった。しかし、戦時中のままで残っている日配についてはいろいろな噂が流れたが、やがて過度経済力集中排除法の指定を受けた。二分割または三分割されるのではないかという観測が行なわれ、対案も考慮されていた。

むろんその間に取次を始める人もあり、日配を離れる人も出てきた。そのうちの一人に鈴木真一がいる。彼は昭和のはじめ栗田書店に入り、統合で日配に移って小さい営業所長をしているうちに召集されて戦場に出ていった。彼は二十一年に復員してかえってきて、日配に顔を出したが、仕事がないといって受け入れられなかった。栗田確也はその時まだ日配の重役の椅子にとどまっていた。そこで鈴木真一は自分の知人と一緒になって取次を始めた。彼は栗田時代から岩波の営業部と親しくしていた関係で、岩波の書物、その他の顔の利くところから新刊書を分けてもらうことができた。むろんその当時は一切現金取引であった。定価の九掛けで手に入れ、それに若干の口銭、たとえば三％をとってもすぐ右から左に売れるので、彼はそれを仕事としていた。出資者などのやり方に不満をもった彼は、岩波書店・白水社・中央公論社などの後援を期待して独立し、鈴木書店を始めた、二、三の同志が彼についてきた。やがて彼は社会科学関係の書物の取次において地盤を固めることができた。ことに岩波の書物については彼の努力が実って大量に取扱うことになった。その後彼は各大学に戦後できた消費組合に着目し、それにくい込み、大学消費組合に社会科学関係の書物を入れることを始めた。東京大学が始めて各大学に普及した大学出版部と学生消費組合の設立は、戦後の日本の大学における注目すべき新しい傾向である。その後、各大学出版部は大学出版部協会を結成し、学術書の出版に重要な役割を果たしている(『大学出版部協会十五年の歩み』昭和五十三年)。鈴木書店が大学出版部の出版物の取り扱いにも力を入れて深くくい込んでいることはいうまでもない。

各大学にできた消費組合の書籍部では、一般の小売商が定価販売をしているのに対し、組合員に対しては五％引きで売った。そのため学生は教科書・参考書から一般書物も消費組合から買う傾向がふえてきた。消費組合の書籍取り扱いがひろがるにつれて、一般小売商はこれを問題とし、値引きを中止させようとした。取次商が、消費組合に書物を供給することはやめるわけにはいかないが、消費組合が組合員に対しても、やはり定価販売し、五分の割引はクーポンで渡すということをするということ、消費組合は組合員以外のものにはクーポンを渡してはいけないという条件をつけて、消費組合の取引を認めようとした。しかしその制限が、なかなか守られないで、消費組合は学内で買いにくる人には五％引きで売るということを依然として続けているために、学生は学外では新刊書をほとんど買わなくなって、大学周辺の小売商は大きな打撃を受けることになってきた。鈴木書店はこの新しい販路の開拓で、社会科学や人文科学の方面でますます営業を伸ばし、大学の教科書・参考書類は、ひとり東京都内だけではなしに、地方の大学にまで送るようになってきた。鈴木書店は、はじめ駿河台の知っている書店の中に小さい事務所をおいていたが、間もなく小川町に営業所をもち、さらに新築した（「鈴木真一回顧聴取書」。鈴木書店『あゆみ』五周年・同十周年・同二十周年）。

昭和二十二年になって栗田確也は日配をやめ、栗田書店を復活して取次を再び始めた。彼とともに日配に入っていた旧栗田の人々は多く日配の管理職になっていたが、栗田の独立とともに一斉に日配をやめて栗田のもとに馳せ参じた。そこで栗田は昔の栗田にかえって自己の思いのままに仕事を伸ばしていくことができた。その後の経営において、彼は多年指導を仰いでいた大内兵衛先生の助言を尊重し、それにしたがって営業収益は不動産にどんどん投じていった。不動産投資はインフレーションに対する最善の政策であり、栗田の基礎はこれで確立したという人もある。その後彼は『出版人の遺文』や、坪谷善四郎の『大橋佐平翁伝』などを復刻して知人に配布し、先覚出版人の顕彰に努めたり、図書センターに集めておいた大量の図書を北海道立図書館に寄付したりして、ひろく出版文化の発展に貢献した。

かつて栗田は、戦前では単行本の東京都内の取次においては上田屋とならんでこれを二分するようなところまで発展していた。東京堂その他の大取次は主として雑誌に力を入れて、単行本の取次にはあまり力を入れなかった。これに対して上田屋は、自分のもっていた雑誌の取次部門は大東館に譲って、上田屋は、新潮社を中心として、単行本だけの取次を行ない、都内においては栗田と激しい競争をする立場にあった。戦後適当な後継者がなく上田屋は再興できなかったが、復活した栗田は東販・日販に次ぐ有力な単行本取次店として優秀な従業員を集め、次第に雑誌部門へも進出していった。

昭和二十四年、総司令部は日配を急に閉鎖機関に指定し、一定の猶予期限内にその営業を停止するように指令した。これは日配としては予期せぬところであって非常に狼狽したが、日配の営業を日本出版販売(日販)と東京出版販売(東販)のほか、中央社・大阪屋とか、教科書専門の取次屋、その他、北海道・九州・中国の支店を独立させて、新たにスタートすることになった。日配は戦後、続出した中小出版社に対する回収不能な不良債権をかかえて清算に入った。いまや栗田は日販と東販に次ぐ第三の取次業になる機会をつかんだ。突如として分割が起こったため、旧日配から分かれた大取次は小売商を取引先に取り込むことを争ったため、相当無理をした。

この間、神田では終戦以来、徐々に神保町二丁目・三丁目に小さい取次店が店をもつようになり、そこに新しい小取次センターが形成された。ここは昔、錦町周辺にあった取次店と同じような小規模のものの集合であって、ごく少数の従業員でもって、個人的に関係のある出版社から新刊書を取り次ぎ、店頭におくこともしている。ここへは都内の小売商が顔を出して買い付けにくる。むろんはじめのうちは現金取引であった。また注文をもってくる場合もある。それに対しては発行所から取り寄せてくる。こうした小取次店が次第にふえ、ことに日配の解体後は急速にその数がふえて、二十社以上に達した。

昔はこれらの小取次業者は午前中に都内一円の小売店を回って注文を取ってきて、午後それをとどけるとか、午後の注文は翌朝とどけることをして、サービスの迅速を争っていたのだが、今日では誰も注文書をとどけることはしない。そして小売商が取りにくる。店頭にないものは、すぐ取り寄せてきておくことになっている。たまには深い関係のある小売商に対しては三日に一度か、四日に一度配給をすることもやっているが、それは例外である。現在の高い人件費で、少ないコミッションの取次業者としては、都内の小売商に注文書をとどけることは不可能である。これらの小取次店は、今日でも多く一階建ての仮建設で商売している。「神田村」という俗称はその外観をよくとらえている。

いま全国には約五十軒以上の取次業者があるが、そのうち東京以外にあるのは約十軒で、残りは全部東京都内に、しかも大部分は神田神保町・小川町に集まっている。京橋・日本橋方面にも数社あるが、これは昔からその方面にあったもので、それらは主として雑誌を取り扱う業者である。単行本に関するかぎりは、大取次をはじめとして小取次も、圧倒的に神田またはその周辺に集中している。地方の取次業は戦時中の統制の結果消滅し、戦後、昔の地位を回復することができず、東京に支配され、左右されるようになってきた。とくに雑誌においては、神田の大取次への集中度が強い。それは独占、正確には複占である。雑誌においては大量の雑誌を円滑に取り扱うため、その発行日をグループごとにきめている。期日通り規則正しく配給するために、発行日の二日前までに現物を取次業者のところに持ち込まなければ受け付けない。雑誌の発行、ことに週刊誌は地方において発行するのが非常に困難なのは、このためである。取次の神田への集中、ことに雑誌において、二つないし三つの大取次への集中・寡占化が大きな問題である。書物・出版物の流通の不円滑と取次の寡占化は深い関連があり、まさに公正取引委員会が取り上げて問題にしようとしているところである。書物の再販売協定問題とともに、業界としても捨てておくことはできず、何らかの解決策を見出すことを迫られている。

二つの新聞社が週刊誌を大正の中頃に創刊して以来ずっと続いていたが、女性雑誌の週刊誌化が始まり、昭和三十年代になって新聞社・出版社が数社、新たに週刊誌を始めた。しばらくして刊行を中止したところもあるが、予想に反して、出版社の後発週刊誌もその部数を伸ばし、新聞社の週刊誌に対抗する有様になっている。さらに新聞社にはグラフ週刊誌や経済関係の週刊誌を出すものもあれば、総合評論的な週刊誌を出すところもあって、昭和三十年代以降は「週刊誌時代」といってもいいすぎではなかろう。

この間、総合雑誌は戦後続出していたのがだんだん減ってゆき、『改造』もやめて、現在では『文芸春秋』『世界』『中央公論』の三つが代表することになっている。そのほか『展望』が一時、復刊したこともあるが、また最近休刊した。惜しまれているが、復刊は容易でなかろう。

これに対して戦後続出した文芸雑誌もいろいろ消長があったが、昔からあった『新潮』『文学界』は別として、戦後発刊され、同人雑誌として大正時代の『白樺』にも比較された『近代文学』は十九年近く続いた後に廃刊されたが、『海』『群像』『文芸』(河出書房の不振で時々休刊)等は順調に発展していて、いまや文芸作品は総合雑誌よりもこうした文学・文芸雑誌に掲載されるものが多く、多くの同人雑誌とともに、これが文壇への登竜門となっている。従来の芥川賞・直木賞のほか、各種の文学賞が戦後設けられたが、いずれもこれらの文芸雑誌に載る作品が受賞の対象に取り上げられることが多く、ある意味では文芸雑誌花盛りということができよう(『「近代文学」創刊のころ＝「近代文学」三十周年記念』。本多秋五『物語戦後文学史(全)』昭和四十一年)。

このほか雑誌としては女性雑誌・小学生雑誌、あるいは学年別学習雑誌・マンガ雑誌・流行雑誌等々と、三十年代以後いろいろ多様化してきており、そしてその中には従来の水準では想像もできなかったような多数の発行部数をもつものが現われ、それによって出版業界の巨大化は推進された。いまや小学生相手の雑誌、マンガ雑誌を出さない出版業者、あるいは週刊誌をもたない出版業者は、中小企業に転落し、とどまるところを知らない人件費の高騰のため経営的に行き詰まる危険性が出てきた。

この間、神田の書店街を見ると、戦後は神田の書店街を取り巻く交通網ははじめのうちは大きな変化がなかったが、四十年代以降市内電車の撤廃が始まり、それと同時に地下鉄網の整備を見るに至った。まず池袋―東京駅―新宿線が、淡路町・御茶ノ水で神田に接触し、さらに中野・高田馬場から大手町に至る線と根岸から日比谷に至る線とが神田書肆街の周辺を通り、巣鴨から日比谷に至る線が、はじめて神田書肆街の中心を通った。さらにこれと目下神保町を通る九段通りに地下鉄が二線敷設中で、これができればいちおう神田の地下鉄網も完成することになる。四十年代になり、御茶ノ水駅が神田への日々の人口移動の中心となった観があり、丸善はじめ数軒の新本書店がこの付近に開店したが、神保町を通る地下鉄三線の完成により再び神保町が神田の中心となろう。

こうした交通事情の変動の中で神田書肆街では、近年顕著な移動や新しい変化は外面的には見られないが、内部においては徐々に新しい変化が進んでいるように思われる。昭和二十七年、村口書房は明治三十年代以来の神田を捨てて、麻布台に移った。村口四郎は戦後目録の発行をやめたが、特殊な商品、特殊な顧客を営業の対象としているのだろう。昭和三十年代になり波多野重太郎(三十三年。波多野勤子編『追憶巌松堂店主波多野重太郎』昭和五十三年)、北沢弥三郎(三十三年)、高山清太郎(三十六年)、野田文之助(三十七年)など明治初年生まれの長老が続いて逝き、世代の交代が急速に行なわれた。次に神田書肆街そのものが飽和状態になった結果であろう、

神保町の高層ビル群

昭和四十年前後からぼつぼつと高層建築化する傾向が現われてきた。古書店街で戦後最初に高層建築に着手したのは松村書店であったが、これはまだ軽量鉄筋であった。本格的な建築を企てたのは巌南堂であって、これは昭和はじめの一誠堂以後の本格的な高層建築ではないかと思われる。それに続いて大屋・八木から東陽堂・玉英堂に至る共同ビルが四階ないし五階建ての本建築をした。さらにその前後において書泉が二軒の高層建築をやり、続いて小宮山書店も高層建築をした。そしてその間において出版社としては有斐閣・岩波ホール・岩波書店が高層建築をする。さらに小学館・集英社が高層の巨大なビルを神田一ッ橋通りに完成した。それはこの二社の出版業の巨大化をそのまま象徴するものであった。栗田書店も高層建築を神田においてもち、彼はさらに板橋の志村に大きな配給センターをつくった。そして最近神保町では、高山書店と北沢書店が共同で高層建築の古書センターを完成し、それに続いて反対側に高層の波多野ビルが完成した。ただその直後、波多野ビルの建設の推進力となっていた波多野勤子が急死したのは、関係者はむろん業界にとっても、将来を期待されていただけにまことに遺憾なことであった。駿河台方面では、すでに昭和四十二年に四階建ての本建築の古書会館が完成し、組合員の交換会が連日、展示即売会が毎週二日行なわれるほか、日本古書通信社その他が入っていて、ここが業界取引の中心となっている。その後の利用状態を見ていると、設計が小さすぎたのではなかろうかという声がささやかれるほどである。ところが付近の明治堂書店は、いまだに戦災後のすがたのままである。店主三橋猛雄は、本建築よりも余力を多年蒐集し続けていた『明治前期思想史文献』の編集に注いで、それに没頭し、昭和五十年七月ついに完成した。千百頁の大著で、収録書物(家蔵書に限定している)の書名・著者・書肆別索引のほか本文抄記があり、その書の刊行事情・影響等も参考文献から引用して付記している。こうした行きとどいた文献解説書は、世界においても例を見ないもので、まことに貴重な文献といわねばならぬ。戦前三橋は、その集めた明治社会文献を東大経済学部研究室に納めたことがある。戦後再び行なったコレクションを彼はどこに納めるつもりであろうか。

日本の出版販売全体を見ると、東京、ことに神田への集中が戦後の三十年間にますます進み、神田は巨大なブック・コンビナートをかたちづくるに至った。私が神田書肆街の中心、神保町交叉点に立って、周囲を見ると、いまや周辺はほとんど高層化しており、有斐閣も高層化してほとんど百年前の場所と変らぬ同じところに立っている。江草斧太郎は果たして百年前に神田神保町を中心とする書肆街の今日の高層建築化や繁栄を予想したであろうか。

外観はともかくとして、一歩業界内部に入ってみると、出版・取次・小売各部門においてますます巨大化した企業と中小企業との対立・格差が激しくなっている。小売業の巨大化は巨大な売場面積をもつ店舗をつくるということと、各地に大きな売場をもつ支店を開くことの二つの方向に進みつつある。さらに海外にまで支店網をひろげるものもある。小売店舗の巨大化は、買いたい書物が書店にないという消費者の不満に答えるものであるが、最近、巨大な資本を投じて世界一のスペースをもつ小売店を一挙につくろうという計画が周辺の小売商の激しい反対で、スペースと取扱書物にきびしい制限をつけられた。書物の小売業、あるいは古書店にしても、小さなスペースをもって、そして家族でもって仕事をやるということが本来のかたちであり、それが今日なお続いているが、巨大な資本をもつ巨大な店舗が、東京・大阪その他の都市で見られるようになった。これは出版の大量生産化に対応する大量販売の到達する帰結なのかもしれない。しかし、周辺の小売店の反対は、激化しても鎮静することはなかろう。しかし、影響を受けるのは、周辺の小売書店だけだろうか。神田書肆街は対岸の火事視していていいだろうか。

神田のいま一つの問題は、書店が飽和状態になってきたと同様に、神田における学校も、もうほとんど飽和状態になってきており、これ以上キャンパスを拡張するスペースがないという状態になってきている。ところが大学はますます巨大化を要求されて、とどまるところを知らない。大学の高層建築化も限界が見えている。再び大学は神田を捨てて遠く郊外へ移るという動きが現われ始めている。中央大学がその尖端を切った。あるいは将来、神田から大学のなくなる時代がこないともかぎらない。東京大学や一橋大学の場合のように、それぞれの大学クラブだけが残って、かつてそこに大学があった名残りをしめすこととなるかもしれない。学者や学生が神田に住まわなくなってからかなり年数が経っている。しかし、大学のキャンパスが神田からなくなり、丸ノ内ビジネス街の延長と変わる時期がきても神田の書肆街だけは高層化・立体化しつつなお存続するのではなかろうか。大量生産化する新聞・雑誌・単行本のうち、雑誌・単行本は、次第に遠い郊外で印刷され、郊外にある流通センターを通って、全国に配給されることになり、神田では出版の企画・記帳・計算だけが行なわれることになろう。しかし、古書の店頭取引・展示即売の中心としての神田の姿はながく続くであろう。神田古書店街の過去百年間の発展は、強い個人主義に立つ古書店オーナーたちによって支えられてきた。しかし大正時代以来、彼らのうちにも協調・協力の動きが生まれて、結集力が高められた。その現われは図書会館・古書会館の建設であり、しかも震災・戦災の罹災にも屈せず再建し、ここを取引の拠点とし、集団の結成を固めることに成功した。さらに昭和三十年代になり、本離れから神田の地盤沈下が強調され始める時に、彼らは毎年秋「青空市」を始めた。これはそれより十年前に禁止された、かつての露店古本街の復活ともいわれ、多数の人々を再び神田に呼びもどした。岩波ホールの建設後も、場所を錦華公園に移し、青空市の行事は年々続けられている。青空市の復興には千代田区役所の後援、岩波書店の用地提供、テレビ・新聞・週刊誌その他のマスメディアの協力が、その宣伝・発展に寄与したことは見逃せないが、根本は神田古書業者間に盛り上がった協力・一致であった。今後もし彼らが、一方では個人主義の伝統の上に立って専門化をますます進めるとともに、他方では相互の協調・協力を増進して、集団の力を強化するならば、必ずや神田の古書肆街はながく生き残るであろう。望まれるのは個人主義と集団主義の均衡ある共存である。そうした任務は、一に次代の人々の双肩にかかっているといわねばならぬ。よき父祖、秀れた先輩に恵まれ、それらの人たちの指導により、次第に育っている神田書肆街の新人たちに、私は大きな期待をかけて、筆を擱こう。

岩波新書より

芸術

ヴェネツィア 美の都の一千年　宮下規久朗
丹下健三 戦後日本の構想者　豊川斎赫
学校で教えてくれない音楽　大友良英
中国絵画入門　宇佐美文理
瞽女うた　ジェラルド・グローマー
東北を聴く　佐々木幹郎
黙示録　岡田温司
ボブ・ディラン ロックの精霊　湯浅学
仏像の顔　清水眞澄
ヘタウマ文化論　山藤章二
小さな建築　隈研吾
デスマスク　岡田温司
コルトレーン ジャズの殉教者　藤岡靖洋
雅楽を聴く　寺内直子
歌謡曲　高護
四コマ漫画　清水勲

琵琶法師　兵藤裕己
歌舞伎の愉しみ方　山川静夫
自然な建築　隈研吾
シェイクスピアのたくらみ　喜志哲雄
肖像写真　多木浩二
東京遺産　森まゆみ
日本の色を染める　吉岡幸雄
プラハを歩く　田中充子
コーラスは楽しい　関屋晋
日本絵画のあそび　榊原悟
イギリス美術　高橋裕子
ぼくのマンガ人生　手塚治虫
日本の近代建築 上・下　藤森照信
日本の舞踊　渡辺保
千利休 無言の前衛　赤瀬川原平
やきもの文化史　三杉隆敏
色彩の科学　金子隆芳
歌右衛門の六十年　中村歌右衛門・山川静夫

フルトヴェングラー　脇圭平・芦津丈夫
床の間　太田博太郎
日本の耳　小倉朗
写真の読みかた　名取洋之助
水墨画　矢代幸雄
絵を描く子供たち　北川民次
名画を見る眼 正・続　高階秀爾
ギリシアの美術　澤柳大五郎
ヴァイオリン　無量塔蔵六
音楽の基礎　芥川也寸志
日本美の再発見〔増補改訳版〕　ブルーノ・タウト　篠田英雄訳

岩波新書より

随筆

作家的覚書	髙村薫
落語と歩く	田中敦
日本の一文30選	中村明
ナグネ 中国朝鮮族の友と日本	最相葉月
子どもと本	松岡享子
医学探偵の歴史事件簿 ファイル2	小長谷正明
里の時間	芥川仁 阿部直美
閉じる幸せ	残間里江子
女の一生	伊藤比呂美
仕事道楽 新版 スタジオジブリの現場	鈴木敏夫
医学探偵の歴史事件簿	小長谷正明
もっと面白い本	成毛眞
99歳一日一言	むのたけじ
土と生きる 循環農場から	小泉英政
なつかしい時間	長田弘
ラジオのこちら側で	ピーター・バラカン
面白い本	成毛眞
百年の手紙	梯久美子
本へのとびら	宮崎駿
思い出袋	鶴見俊輔
活字たんけん隊	椎名誠
道楽三昧	小沢昭一 神崎宣武 聞き手
人生読本 落語版	矢野誠一
ブータンに魅せられて	今枝由郎
文章のみがき方	辰濃和男
悪あがきのすすめ	辛淑玉
水の道具誌	山口昌伴
スローライフ	筑紫哲也
森の紳士録	池内紀
シナリオ人生	新藤兼人
怒りの方法	辛淑玉
活字の海に寝ころんで	椎名誠
四国遍路	辰濃和男
老人読書日記	新藤兼人
夫と妻	永六輔
ことば散策	山田俊雄
活字博物誌	椎名誠
現代人の作法	中野孝次
職人	永六輔
あいまいな日本の私	大江健三郎
大往生	永六輔
文章の書き方	辰濃和男
勝負と芸 わが囲碁の道	藤沢秀行
メキシコの輝き	黒沼ユリ子
白球礼讃 ベースボールよ永遠に	平出隆
ラグビー 荒ぶる魂	大西鉄之祐
活字のサーカス	椎名誠
新つけもの考	前田安彦
プロ野球審判の眼	島秀之助
マンボウ雑学記	北杜夫
アメリカ遊学記	都留重人
ヒマラヤ登攀史〔第二版〕	深田久弥
南極越冬記	西堀栄三郎

(2017.8) (Q)

岩波新書新赤版一〇〇〇点に際して

ひとつの時代が終わったと言われて久しい。だが、その先にいかなる時代を展望するのか、私たちはその輪郭すら描きえていない。二〇世紀から持ち越した課題の多くは、未だ解決の緒を見つけることのできないままであり、二一世紀が新たに招きよせた問題も少なくない。グローバル資本主義の浸透、憎悪の連鎖、暴力の応酬――世界は混沌として深い不安の只中にある。

現代社会においては変化が常態となり、速さと新しさに絶対的な価値が与えられた。消費社会の深化と情報技術の革命は、種々の境界を無くし、人々の生活やコミュニケーションの様式を根底から変容させてきた。ライフスタイルは多様化し、一面では個人の生き方をそれぞれが選びとる時代が始まっている。同時に、新たな格差が生まれ、様々な次元での亀裂や分断が深まっている。社会や歴史に対する意識が揺らぎ、普遍的な理念に対する根本的な懐疑や、現実を変えることへの無力感がひそかに根を張りつつある。そして生きることに誰もが困難を覚える時代が到来している。

しかし、日常生活のそれぞれの場で、自由と民主主義を獲得し実践することを通じて、私たち自身がそうした閉塞を乗り超え、希望の時代の幕開けを告げてゆくことは不可能ではあるまい。そのために、いま求められていること――それは、個と個の間で開かれた対話を積み重ねながら、人間らしく生きることの条件について一人ひとりが粘り強く思考することではないか。その営みの糧となるものが、教養に外ならないと私たちは考える。歴史とは何か、よく生きるとはいかなることか、世界そして人間はどこへ向かうべきなのか――こうした根源的な問いとの格闘が、文化と知の厚みを作り出し、個人と社会を支える基盤としての教養となった。まさにそのような教養への道案内こそ、岩波新書が創刊以来、追求してきたことである。

岩波新書は、日中戦争下の一九三八年一一月に赤版として創刊された。創刊の辞は、道義の精神に則らない日本の行動を憂慮し、批判的精神と良心的行動の欠如を戒めつつ、現代人の現代的教養を刊行の目的とする、と謳っている。以後、青版、黄版、新赤版と装いを改めながら、合計二五〇〇点余りを世に問うてきた。そして、いままた新赤版が一〇〇〇点を迎えたのを機に、人間の理性と良心への信頼を再確認し、それに裏打ちされた文化を培っていく決意を込めて、新しい装丁のもとに再出発したいと思う。一冊一冊から吹き出す新風が一人でも多くの読者の許に届くこと、そして希望ある時代への想像力を豊かにかき立てることを切に願う。

（二〇〇六年四月）

脇村義太郎

1900－97年
1924年東京大学経済学部卒業
専攻―経済学，経営史
著書―『石油』『中東の石油』
『趣味の価値』(以上岩波新書)
『脇村義太郎著作集』(全5巻，日本経営史研究所)
『回想九十年――師・友・書』(岩波書店)
『二十一世紀を望んで―続 回想九十年』
(岩波書店) ほか

東西書肆街考　岩波新書(黄版)87

1979年6月20日　第1刷発行
2018年7月13日　第7刷発行

著　者　脇村義太郎《わきむらよしたろう》

発行者　岡本　厚

発行所　株式会社　岩波書店
〒101-8002 東京都千代田区一ツ橋2-5-5
案内 03-5210-4000　営業部 03-5210-4111
http://www.iwanami.co.jp/

新書編集部 03-5210-4054
http://www.iwanamishinsho.com/

印刷・三陽社　カバー・半七印刷　製本・中永製本

ISBN 4-00-420087-3　Printed in Japan

索引

ア行

索　引

カ　行

索　　引

サ　行

タ　行

ナ　行

ハ　行

マ　行

ヤ　行